京都・観光文化検定試験

京都検定1級漢字ドリル

第2回〜第15回までの過去問から200題掲載！

協力／京都商工会議所

京都新聞出版センター

もくじ

※本書の解説は「京都検定　問題と解説」第2回〜第15回に依拠しています。

歴史・史跡

| **問 題** | 次の問いに答えなさい。または（　　　　）にあてはまる最も適当な語句を漢字で書きなさい。

1 聖徳太子から仏像を与えられ、広隆寺を建立したと伝えられるのは誰か。

【第3回】1（1）

（　　　　　　　　　　　　　　　　　　　）

2 長岡京から遷都する際、桓武天皇は四神相応の地を選び平安京を造った。平安京の四神にあたるもののうち、現存しない場所はどこか。　【第12回】1（1）

（　　　　　　　　　　　　　　　　　　　）

3 長岡京から平安京への遷都事業において、初代造宮大夫となったのは誰か。

【第8回】1（1）

（　　　　　　　　　　　　　　　　　　　）

4 平安京の左京、右京にはそれぞれ行政、訴訟、租税、交通などの事務をつかさどる役所を設置した。これを何というか。　【第14回】1（2）

（　　　　　　　　　　　　　　　　　　　）

5 昼は朝廷に仕え、夜には六道珍皇寺の井戸を通って閻魔大王に仕えたという伝説が残る平安初期の人物は誰か。　【第11回】5（50）

（　　　　　　　　　　　　　　　　　　　）

6 貞観16年（874）、醍醐山上に草庵を結んで准胝・如意輪の両観音を安置し、醍醐寺を創建したと伝えられるのは誰か。　【第3回】1（2）

（　　　　　　　　　　　　　　　　　　　）

京都検定1級漢字ドリル

解 答

なぞってみよう

1 秦河勝
はたのかわかつ

山背国葛野郡を本拠とする渡来系集団の首長であった秦河勝で、生没年は不明だが、6世紀末～7世紀前半ごろの人物であるとされる。『日本書紀』によると、推古天皇11年（603）に聖徳太子から仏像を賜って、自らの本拠地に蜂岡寺（葛野秦寺）を創建したという。

秦河勝

2 巨椋池
おぐらいけ

平安京の四神にあたるのは、北の玄武が船岡山、東の青竜（セイリョウとも）が鴨川、南の朱雀が巨椋池、西の白虎が山陰道とされる。このうち現存しないのが巨椋池で、今の伏見区・宇治市・久世郡に広がる8平方キロの大池だったが、昭和8年（1933）から8年がかりの干拓で姿を消した。

巨椋池

3 藤原小黒麻呂
ふじわらの お ぐろ ま ろ

新たな都を求め山背国葛野郡の地を見て、平安京の初代造宮大夫となったのは藤原小黒麻呂。藤原鳥養の二男。藤原仲麻呂の乱の論功で昇進の道を開くと、延暦3年（784）には中納言に昇り、長岡京遷都でも桓武天皇の寵臣・藤原種継とともにその推進役を担った。

藤原小黒麻呂

4 京職
きょうしき

「京職」で、左京に左京職、右京には右京職が置かれた。業務詳細は『延喜左右京職式』に記され、東西市司も所管した。後に司法・警察活動を担う令外官として検非違使が設けられると、職掌は一般行政に限られるようになり、さらにその権能すら失われていった。

京職

5 小野篁
お ののたかむら

百人一首の歌人でもある小野篁（802～52）で、文武両道に優れ、東宮学士、参議を務めた。一方、古くより篁は閻魔大王に仕える冥官との言い伝えがあり、『江談抄』『今昔物語集』などにそれが記される。六道珍皇寺には篁が冥界通いに使ったとされる井戸が残る。

小野篁

6 聖宝
しょうぼう

天長9年（832）、讃岐国塩飽島に生まれ、東大寺で学んだ聖宝（理源大師）である。貞観16年（874）に山城国宇治郡の笠取山（醍醐山）山上に草庵を結び、2年後、御堂を建立して、そこに准胝観音、如意輪観音像を安置した。それが醍醐寺の始まりという。

聖宝

問 題 次の問いに答えなさい。または（　　　）にあてはまる最も適当な語句を漢字で書きなさい。

7 藤原時平と対立する菅原道真に引退を勧め、道真失脚後に文章博士となったことからその黒幕説もある、一条戻橋で一時的に蘇った伝説を持つ人物は誰か。

【第12回】1（2）

（　　　　　　　　　　　　）

8 糺の森を「偽りを　糺の森の木綿襷　かけつつ誓へ　我を思はば」（『新古今和歌集』）と詠んだ歌人は誰か。

【第6回】4（37）

（　　　　　　　　　　　　）

9 治承4年（1180）、後白河天皇の皇子の（　　　　）は、源頼政の勧めに応じて平氏打倒を計画し、諸国に令旨を発したが失敗し、平氏軍に追われ奈良興福寺へ向かう途中で落命した。

【第10回】1（2）

（　　　　　　　　　　　　）

10 東大寺と興福寺から一字ずつを取って東福寺を造営し、鎌倉幕府と親密な関係を結んで権勢をふるった公卿は誰か。

【第3回】1（4）

（　　　　　　　　　　　　）

11 京都出身の医師で、戦国時代、毛利元就など戦国武将から信頼を受け、医学校・啓迪院を開き、「医聖」と称された人物は誰か。

【第15回】7（1）

（　　　　　　　　　　　　）

12 豊臣秀吉が定めた五奉行の一人で、主に宗教・寺院を担当し、初代丹波亀山藩主になった人物は誰か。

【第15回】1（5）

（　　　　　　　　　　　　）

| 解 答 |

7 三善清行 （キヨツラ とも）
<ruby>み よしきよゆき</ruby>

道真に辞職勧告した三善清行（847〜918）は文章博士、大学頭、式部大輔を兼任した参議、宮内卿。陰陽道に長じ『今昔物語集』に霊験談がある。息子の天台僧・浄蔵も法力の持ち主で、戻橋を渡る清行の葬列に出遭って祈祷で父を一時蘇生させたとの説話が残る。

三善清行

8 平貞文 （サダフミ とも）

愛しているなら神かけて誓えと、女の不実をただす歌の作者は平貞文。色好みで知られ、歌物語『平中物語』の主人公に擬せられるほか、彼をめぐるこっけいな逸話は『宇治拾遺物語』にも出てくる。芥川龍之介の『好色』のモデル、中古三十六歌仙の一人でもある。

平貞文

9 以仁王

後白河天皇第三皇子の以仁王は、高倉天皇に次ぐ皇位継承者だったが、治承3年（1179）の平清盛のクーデターで後白河が失権、翌年に高倉の子・安徳が帝位に就き、皇位への道を絶たれた。平氏討伐へ源頼政と挙兵するが宇治川の「橋合戦」で敗れ、流れ矢に当たって戦死。30歳だった。

以仁王

10 九条道家

東福寺は関白・九条道家の発願で延応元年（1239）に一堂を建立したのが始まり。寺名は東大寺の規模と興福寺の教行にならうとの意を込めて付けた。道家は鎌倉幕府四代将軍頼経の父、五代将軍頼嗣の祖父として権勢を誇ったが後に失脚、不遇のうちに東山で没した。

九条道家

11 曲直瀬道三

曲直瀬道三（1507〜94）は京で生まれ、下野国（栃木県）の足利学校で学んだ後、名医で知られた田代三喜に入門、李朱医学（明の漢方医学）を習得し広めた。将軍足利義輝の治療で細川晴元、三好長慶ら諸将の信頼を得、念願の啓迪院を設立、多くの医師を育てた。

曲直瀬道三

12 前田玄以

丹波国亀山五万石に封ぜられ、初代藩主となったのは前田玄以（1539〜1602）。織田信忠に仕えたが、本能寺の変に際し、信忠の子・三法師（織田秀信）を連れて清洲に帰還。その後、織田信雄の下で京都の奉行を務め、秀吉政権下でも京都の庶政を預かり手腕をふるった。

前田玄以

8

13 天正19年（1591）、豊臣秀吉が建設を始めた京都を囲むための御土居は当時、何と称されていたか。　　　　　　　　　　　　【第8回】1（5）

（　　　　　　　　　　　）

14 豊臣秀吉は方広寺大仏殿の建設のために、現在の五条大橋の位置に橋を架け替えた。現在の五条通は平安京のどの小路にあたるか。　【第11回】1（5）

（　　　　　　　　　　　）

15 中京区木屋町三条下ルにあり、非業の最期をとげた豊臣秀次とその一族を弔うために、角倉了以によって建立された寺院は（　　　　）である。
　　　　　　　　　　　　　　　　　　　　　　　　　　【第10回】1（5）

（　　　　　　　　　　　）

16 二条城の築城に際し、建設予定地の町家の立ち退きが行われた。その様子が「町屋四、五千間モノクト云々」と記録されている醍醐寺三宝院座主の日記は何か。　　　　　　　　　　　　　　　　　　　　　　　【第14回】1（6）

（　　　　　　　　　　　）

17 徳川家康に仕え、初代の京都大工頭として、二条城建設で作事を指示した人物は誰か。　　　　　　　　　　　　　　　　　　　【第15回】1（6）

（　　　　　　　　　　　）

18 江戸時代、宮中への参勤を主として京都で活躍した狂言の和泉流の祖で、尾張徳川家に召し抱えられた人物は誰か。　　　　　　　【第13回】4（37）

（　　　　　　　　　　　）

歴史・史跡

神社・寺院

建築・庭園・美術・工芸

生活・文化・伝統芸能

| 解 答 |

なぞってみよう

13 京廻ノ堤
きょうまわり の つつみ

当時書かれた公家の日記には「京廻ノ堤」と表現されている。豊臣政権内でも「洛中惣構」（滝川忠征宛浅野長吉書状）、「土居堀」（北野松梅院宛知行目録）をはじめ、「京惣堀」「京惣廻土居」「京之惣廻土居」（いずれも『駒井日記』）などさまざまな呼び方が見られる。

京廻ノ堤

14 六条坊門小路
ろくじょうぼうもんこうじ

秀吉は戦乱で荒廃した京都の再整備にあたって、平安京以来の街路の呼称や位置を変えている。五条大路は松原通に改め、六条坊門小路を五条通とし、伏見や大和に向かう起点とした。京都駅前の塩小路通も元は八条坊門小路、元の塩小路が現・木津屋橋通である。

六条坊門小路

15 瑞泉寺
すいせんじ

文禄4年（1595）7月、秀次は養父・秀吉の命により切腹、翌月には妻子らも三条河原で処刑され、そこに遺体を葬った塚が築かれた。慶長16年（1611）、高瀬川を開削した角倉了以は荒廃した塚を整備、同地に一族を弔う寺院を建て、秀次の法名から瑞泉寺と名付けた。

瑞泉寺

16 義演准后日記
ぎえんじゅこうにっき

二条城築城当時の醍醐寺座主・義演准后（1558〜1626）が記した『義演准后日記』。文禄5年（1596）から寛永3年（1626）までの世の中の動き、醍醐寺の復興、座主としての務めなど克明に記す。豊臣秀吉や徳川家康との交渉の様子もうかがえる貴重な資料となっている。

義演准后日記

17 中井正清
なかいまさきよ

法隆寺大工の家に生まれ、徳川家御大工となった中井正清（1565〜1619）で、二条城、江戸城、駿府城、名古屋城の天守閣や禁裏、方広寺大仏殿など幕府関係の建設作事を担当した。法隆寺棟梁衆の技術と畿内・近江6カ国に配した大工組などの動員力がそれを支えた。

中井正清

18 山脇和泉元宜
やまわきいずみもとよし

狂言も武家式楽の体制に組み込まれた江戸時代、和泉流は禁裏御用のほか、大名の禄も得て活動を続けた。和泉流創始者の山脇和泉元宜は慶長19年（1614）、尾張徳川家に召し抱えられ、野村又三郎や三宅藤九郎を迎えて流儀を確立した。維新後、東京に本拠を移した。

山脇和泉元宜

次の問いに答えなさい。または（　　　　）にあてはまる最も適当な
語句を漢字で書きなさい。

19 二条城の大規模普請で現本丸西南部に天守閣が新造された際、当初建てられて
いた天守閣はどこに移築されたか。　　　　　　　　　　　【第12回】1（5）

（　　　　　　　　　　　　　　　　）

20 後水尾天皇、八条宮智忠親王らと親交があり、随筆『にぎはひ草』を著した江
戸前期の京都の豪商・文人は、（　　　　　）である。　　　【第9回】1（6）

（　　　　　　　　　　　　　　　　）

21 修学院離宮の中で、後水尾上皇御幸時の御座所であった下離宮の中心的建物は
何か。　　　　　　　　　　　　　　　　　　　　　　　　【第13回】1（7）

（　　　　　　　　　　　　　　　　）

22 中川喜雲が著した京都の名所記で、ある法師が少年に案内させて京見物をする
という筋書きの書物は何か。　　　　　　　　　　　　　【第4回】4（38）

（　　　　　　　　　　　　　　　　）

23 万治2年（1659）、後水尾上皇の山荘（現在の修学院離宮）に招かれ、それ
を日記『隔蓂記』の中で「御庭の滝風景凡そ眼を驚かせ、肝胆に徹するものな
り」などと記した人物は誰か。　　　　　　　　　　　　【第14回】1（7）

（　　　　　　　　　　　　　　　　）

24 江戸初期の儒医で、京都地誌の『雍州府志』や年中行事の『日次紀事』などを
著したのは（　　　　　）である。　　　　　　　　　　【第2回】4（38）

（　　　　　　　　　　　　　　　　）

歴史・史跡

神社・寺院

建築・庭園・美術・工芸

生活・文化・伝統芸能

| 解 答 |

19 淀城
よどじょう

寛永元年（1624）から始まった徳川家光による二条城の大規模修築で、拡張された西部敷地には廃城となった伏見城の天守閣が移築され、後水尾天皇の行幸を迎えた。それまであった望楼型五層の天守は、松平定綱が幕府の許可を得て、新たに築造中の淀城に移築した。

淀城

20 灰屋紹益
はい や じょうえき

『にぎはひ草』の著者・灰屋紹益は本姓を「佐野」といい、紺灰を商う紹由の子だが、実の父は本阿弥光益で紹由の養子になったともいわれる。皇族・公家や文人と広く交友を結び、六条三筋町の名妓・二代目吉野太夫を身請けして妻としたことでも知られる。

灰屋紹益

21 寿月観
じゅげつかん

明暦2年（1656）～万治2年（1659）に造営の修学院離宮は、上、中、下の三つの離宮からなる。下離宮は御座所が置かれた主建築の寿月観を中心に遣り水の流れと池を配した構成。上皇は離宮御幸の際には、寿月観で休息後、上離宮で舟遊びや茶屋巡りを楽しんだ。

寿月観

22 京童
きょうわらべ

中川喜雲は京で医業を行う傍ら、松永貞徳らに俳諧を学び、明暦4年（1658）に6巻6冊の京都の地誌『京童』を刊行した。「少年に京都案内をしてもらった見聞記」を土産にする体裁で、考証は厳密と言えないが、自分で確かめ挿絵や歌を織り込んだ手法が評価された。

京童

23 鳳林承章
ほうりんじょうしょう

後水尾天皇から深い帰依を受けた鹿苑寺（金閣寺）住職の鳳林承章で、勧修寺晴豊の六男として生まれ、作庭の才にも秀でていたとされる。『隔蓂記』は公家との交流や鹿苑寺復興の経緯が記され、天皇が離宮を構想する様子も、随伴した承章の筆で克明に描かれている。

鳳林承章

24 黒川道祐
くろかわどうゆう

貞享3年（1686）刊行の『雍州府志』は、山城国（唐名で雍州）の地理・寺社・古跡などについて漢文で記した書で、著者は広島出身の医師・黒川道祐。広島藩医を務める傍ら、林羅山らに儒学を学び、引退後に地誌・年中行事など多くの紀行書を残した。

黒川道祐

問 題 | 次の問いに答えなさい。または（　　　）にあてはまる最も適当な語句を漢字で書きなさい。

25 「平安和歌四天王」の一人と称された江戸時代の歌人で、平易率直な「ただこと歌」を主張し、『六帖詠草』や『布留の中道』などを著したのは誰か。

【第6回】3（25）

（　　　　　　　　　　　　　　　）

26 京都に煎茶を普及させ、売茶翁とも呼ばれた黄檗僧は誰か。　【第4回】3（25）

（　　　　　　　　　　　　　　　）

27 安永9年（1780）、京都とその周辺の名所・史跡を図説した『都名所図会』を著した京都の著述家は誰か。　　　　　　　　　　　　【第8回】3（29）

（　　　　　　　　　　　　　　　）

28 江戸時代後半、京都に観光ブームが到来した。その頃、滝沢馬琴は著書「羇旅漫録」に京都にある三つのよきものとして、「女子、（　　　　　）の水、寺社」と書いている。　　　　　　　　　　　　　　　　　【第10回】1（7）

（　　　　　　　　　　　　　　　）

29 文久3年（1863）、京都の辻子が紹介された『京（花洛）羽津根』によれば、現在の東山区宮川筋一丁目と二丁目の境を東西に通じる（　　　）辻子は、寛文8年（1668）に開通したとされる。　　　　　　【第8回】4（32）

（　　　　　　　　　　　　　　　）

30 現在は京都御苑の堺町御門の北側に碑が立ち、幕末の禁門の変（蛤御門の変）で、久坂玄瑞ら長州藩士が朝廷へ嘆願するために侵入した摂関家の邸宅は、五摂家のうちどれか。　　　　　　　　　　　　　　　　　【第12回】1（8）

（　　　　　　　　　　　　　　　）

解 答

25 小沢蘆庵 （お ざわ ろ あん）

四天王と呼ばれた江戸時代の京在住の４歌人の１人で、技巧を廃した「ただこと歌」を提唱したのは小沢蘆庵。冷泉為村（れいぜいためむら）に師事し、香川景樹（かげき）とも親しく交わった。本居宣長（もとおりのりなが）とは互いの作品評を交わした間柄。４歌人の残りは浄土僧の澄月、天台僧の慈延（じえん）、近江商人の伴高蹊（ばんこうけい）。

26 高遊外 （こうゆうがい）

京で煎茶売りを業として、売茶翁と呼ばれたのは高遊外。肥前国に生まれ、11歳で出家、黄檗僧（おうばく）として各地をめぐり、57歳で入洛。享保16年（きょうほう）（1731）、東山に茶亭「通仙亭」を設けて煎茶を供し、文人らと親しく交わった。黄檗山萬福寺では、命日に売茶忌が営まれる。

27 秋里籬島 （あきさとり とう）

秋里籬島が著した『都名所図会』は大反響を呼び、同種案内書の先駆けとなった。籬島とは河原院跡の籬島（まがきじま）に住んでいたことから付けた筆名で、京都の名所をくまなく巡る見聞記スタイルの文に竹原春朝斎（しゅんちょうさい）の絵を添え、絵に人物を配して臨場感を出したのが成功した。

28 加茂川 （か も がわ）

馬琴が『羇旅漫録』（き りょまんろく）に記した西国旅行は享和２年（1802）５月９日から８月24日までで、京都には前後２回で計24日滞在、全157条中48条の京都見聞録を残した。加茂川の水などよきものに続き「あしきもの三つ」として、人氣の吝嗇（りんしょく）（けちなこと）・料理・舟便を挙げている。

29 団栗 （どんぐり）

「団栗辻子」（ず し）といい、『京都坊目誌』によれば、寛文８年の開通で「団栗」は「櫟」とも記されたという。「辻子」は「図子」とも書き、京の都市再開発に伴い、平安京の条坊とは別に新設された小路を指す。時代の進展とともに、次第にその数を増やしていった。

30 鷹司家 （たかつかさ け）

元治元年（1864）６月、京における失地回復のため率兵東上した長州勢は、朝廷に冤罪を訴えたが退けられ、７月18日深夜から軍事行動に突入。幕軍優勢となった19日、堺町御門から支持者と見込んだ鷹司輔煕（たかつかさすけひろ）邸に入ったが同調を得られず、久坂らはその場で自刃した。

31 理化学・薬学の研究者（　　　　　）は、京都府に出仕し、舎密局の設立に尽力するなど京都の殖産興業に大きな役割を果たした。　　　　【第7回】1（9）

（　　　　　　　　　　　　）

32 明治初期、フランスなどから輸入したジャカード機械織機の国産化に初めて成功した西陣の機大工は誰か。　　　　【第6回】3（23）

（　　　　　　　　　　　　）

33 日本ではじめて竪坑方式を採用した、琵琶湖疏水第一トンネルが掘られた山は何か。　　　　【第12回】1（9）

（　　　　　　　　　　　　）

34 琵琶湖疏水の3本のトンネルの石造洞門には明治政府の有力者たちが揮毫した扁額が掲げられている。三條實美の揮毫した文字は何か。　【第14回】1（10）

（　　　　　　　　　　　　）

35 日本最初の洋風両切たばこの製造・販売に乗り出して「煙草王」として名を馳せ、東山にロココ様式を取り入れた長楽館を建てた人物は誰か。

【第13回】1（10）

（　　　　　　　　　　　　）

36 京都電気鉄道は、明治28年（1895）に、東洞院塩小路〜（　　　　　）の約6.7kmにわが国最初の路面電車を開業した。　　　　【第9回】1（10）

（　　　　　　　　　　　　）

歴史・史跡

神社・寺院

建築・庭園・美術・工芸

生活・文化・伝統芸能

31 明石博高
あかし ひろあきら

舎密局設立に尽くした明石博高は、京の薬種商出身の化学
せいみきょく
者・医師。大阪舎密局勤務の後、京都府参事・槇村正直との
まきむらまさなお
縁で京都府に出仕、勧業政策の第一線で活躍した。舎密局設
立では生徒募集から理化学の教授、薬物検査システムの確立
など多方面に腕をふるった。

明石博高

32 荒木小平
あらき こへい

織機を造る職人だった荒木小平は、京都府の勧業場にあった
フランス製のジャカード織機を手本にして木製の模造を試み
て成功。明治10年（1877）に東京で開かれた第1回内国勧業
博覧会に木製模造ジャカード織機を出品して受賞し、西陣織
業界に一気に導入が進んだ。

荒木小平

33 長等山
ながらやま

琵琶湖疏水第一トンネルは、大津市と山科の間の長等山に掘
られた。京都府知事の北垣国道は安積疏水工事に関わった農
あさか
商務省の南一郎平から助言を得て、水平トンネルとは別に山
の上から垂直にシャフトを掘り下げる方式を採用。工期短縮
と安全確保に成功した。

長等山

34 美哉山河
うるわしきかなさんが

なんと美しい山河であるか、と感嘆の思いを込め、「美哉山
河」と記した。三條は疏水計画時の太政大臣。ほかにも伊藤
博文が「氣象萬千」、山県有朋が「廓其有容」、井上馨が
しょうばんせん   かくとしてそれいることあり
「仁以山悦　智為水歓」、西郷従道が「随山到水源」、松方
じんはやまをもってよろこび　ちはみずのためによろこぶ　　　やまにしたがいてすいげんにいたる
正義が「過雨看松色」の書を残す。
かうしょうしょくをみる

美哉山河

35 村井吉兵衛
むらいきちべえ

京都のたばこ雑貨商の家に生まれた村井吉兵衛は、米国人
宣教師ベリーから紙巻きたばこの製造法を学び、明治23年
（1890）、日本初の両切り紙巻きたばこ「サンライス」を発
売。「煙草王」と称され、その財力で明治42年（1909）、京
たばこ
都東山に別邸「長楽館」を建てた。

村井吉兵衛

36 伏見下油掛町
ふしみ しもあぶらかけちょう

京都電気鉄道株式会社は明治28年（1895）2月、東洞院塩小
路から伏見下油掛町までの狭軌道に電車を走らせ、仮開業し
た。出発点と終点の地には、いずれもそれを記念する石碑が
立つ。これに続いて京都駅付近から岡崎まで走る幹線が運行
を開始、本格営業が始まった。

伏見下油掛町

| 問 題 | 次の問いに答えなさい。または（　　　）にあてはまる最も適当な語句を漢字で書きなさい。

37 京都出身の実業家で、フランス・リヨンで知り合ったリュミエール兄弟が開発した「シネマトグラフ」の映写機を持ち帰り、明治30年（1897）に旧立誠小学校付近で日本初の試写を行った人物は誰か。　　　　　　【第15回】1（10）

（　　　　　　　　　　　　　　　）

38 京都御所の建物の中で、大正天皇即位礼の際に三種の神器の鏡を一時的に奉安していたところはどこか。　　　　　　　　　　　　【第14回】1（9）

（　　　　　　　　　　　　　　　）

39 伏見港は長く京都と大阪を結ぶ舟運の拠点であったが、大正末期の築堤工事によって宇治川との船の通航ができなくなったため、昭和4年（1929）に宇治川と濠川の合流点にパナマ運河と同じ仕組みで船を通航させる施設が建設された。この施設は何か。　　　　　　　　　　　　【第12回】1（10）

（　　　　　　　　　　　　　　　）

40 昭和13年（1938）、近衛文麿が創設した（　　　　　）には、藤原道長自筆の日記『御堂関白記』（国宝）など、近衛家伝来の名宝が数多く収められている。　　　　　　　　　　　　　　　　　　　　【第6回】2（19）

（　　　　　　　　　　　　　　　）

| 解 答 |

37　稲畑勝太郎

旧立誠小付近の京都電燈株式会社敷地内で試写を行ったのは稲畑勝太郎（1862〜1949）。大阪で日本初の映画興行も行った稲畑は、フランス留学中に学んだ最先端の染色技術を活かして染色業界に進出、大きな成功を収めた。後に商工会議所会頭、貴族院勅選議員にもなった。

稲畑勝太郎

38　春興殿

紫宸殿東側の広場に建つ「春興殿」で、大正4年（1915）の天皇即位式のために、新御車寄とともに建造された。銅板葺き屋根の建物で、皇位継承のしるしである三種の神器のうち鏡を、皇居賢所から移して安置した。大正、昭和両天皇の即位式は京都御所で行われた。

春興殿

39　三栖閘門

大正6年（1917）の洪水を機に宇治川右岸に堤防と洗堰を造り、高低差ができた伏見港と宇治川の間に航路を確保するための三栖閘門を設けた。閘門完成当初は多くの船が通航したが、陸上交通の発達とともに舟運は次第に衰退し、昭和37年（1962）にその役目を終えた。

三栖閘門

40　陽明文庫

右京区宇多野の陽明文庫には、五摂家の筆頭・近衛家に代々伝わる古文書・典籍・日記・古美術品など約20万点が保管されている。昭和13年（1938）に時の当主・文麿が財団法人化、珠玉の文化財を永久保存することにした。『御堂関白記』など国宝8件、重要文化財59件を有する。

陽明文庫

問 題 次の問いに答えなさい。または（　　　）にあてはまる最も適当な語句を漢字で書きなさい。

41～44 　現在、京都御苑は四季折々の自然が楽しめる国民公園として（　41　）省が管理しているが、事実上の東京遷都前は公家屋敷などが立ち並んでいる区域であった。現在は京都御所、大宮御所、仙洞御所、京都迎賓館などがある。

　京都御苑の中心に位置する京都御所は歴代天皇がお住まいになっていたところである。天明の大火後、寛政元年（1789）から2年にかけて、老中（　42　）によって、有職故実家裏松固禅（光世）の著した『（　43　）』に基づいて古制にならって復元された（寛政度内裏）。現在の京都御所は安政元年（1854）焼失後、この寛政度内裏に基づいて再興されたものである（安政度内裏）。

　京都御所の南東にある仙洞御所は、後水尾天皇が退位された際に造営されたもので、初期の庭園は（　44　）が作庭したものであったが、後に後水尾上皇によって大きく改変された。安政元年の焼失後、御殿は再建されず、現在は茶室と庭園が残っている。

【第15回】5 公開テーマ問題「京都御苑と御所・離宮」

| 解 答 |

なぞってみよう

41 環境
かんきょう

京都御苑の管理は環境省によって行われており、閑院宮邸跡内に管理事務所がある。事実上の東京遷都の後、そこにあった公家町は荒廃したが、明治10年（1877）からの整備事業で改善が進み、宮内省が管理。戦後、国民公園として広く公開されるようになった。

環境

42 松平定信
まつだいらさだのぶ

天明8年（1788）の大火以降の内裏再建は、老中・松平定信（1758〜1829）によって行われた。幕府側は復古様式による再建に消極的で、定信も朝廷に進言したが、紫宸殿や清涼殿など儀式に関連する施設に復古様式が取り入れられ、規模も拡大されたという。

松平定信

43 大内裏図考証
だいだいりずこうしょう

寛政期の内裏再建は、有職故実家の裏松固禅の著した平安京大内裏の研究書『大内裏図考証』に基づき、承明門・紫宸殿・清涼殿などの一郭が平安の古制にならい復元されたという。失脚中の固禅がひたすら平安京研究に打ち込んだゆえの成果だった。

大内裏図考証

44 小堀遠州
こぼりえんしゅう

仙洞御所庭園は、小堀遠州（1579〜1647）を作事奉行として、寛永11年（1634）から13年にかけて造営され、その後、改修・拡張されながら現在に至る。当時では異色とされた切石積護岸をはじめとする幾何学デザインも、やがて一世を風靡するようになった。

小堀遠州

問 題 次の問いに答えなさい。または（　　　　）にあてはまる最も適当な語句を漢字で書きなさい。

45〜50　京都御苑内の公家屋敷跡のうち、九條邸跡には拾翠亭が残り、邸内社であった（　45　）も鎮座している。また、その北側付近にある宗像神社は（　46　）の邸内社であった。その西側付近には閑院宮邸跡があり、建物内は京都御苑の自然と歴史についての展示をしていて参観することができる。京都御所の北側には桂宮邸跡があるが、そこにあった建物は（　47　）に移築されている。

　桂離宮は、八条宮家の智仁親王と智忠親王の父子が造営した山荘である。その庭園と建築はわが国の王朝文化を体感させてくれる。雅な中に斬新な意匠で目を引く市松模様の床の間がある建物は（　48　）である。

　修学院離宮は、後水尾上皇が造営した山荘で、こちらも王朝文化の粋を今に伝えている。上離宮・中離宮・下離宮からなり、それぞれを松並木がつないでいる。上離宮には比叡山南麓を水源とする音羽川の渓流を引き込んで（　49　）という池が造られ、京都市街を借景に広大な景観が作られている。また、客殿には「（　50　）」があり、桂離宮の「桂棚」、醍醐寺三宝院の「醍醐棚」とともに、天下の三大名棚に数えられる。

【第15回】５公開テーマ問題「京都御苑と御所・離宮」

なぞってみよう

45 厳島神社
いつくしまじんじゃ

九條邸跡には厳島神社が鎮座する。平清盛が安芸の厳島の大神を祀ったもので、鳥居は２本の柱の上に架かる島木と笠木が湾曲した唐破風鳥居と呼ばれ、京都三珍鳥居の一つとされる。

厳島神社

46 花山院家
か ざんいんけ

宗像神社を邸内社としていたのは花山院家。藤原冬嗣が延暦14年（795）、桓武天皇の許しを得て、九州の地の宗像神社を勧請したのが創祀とされ、後、これを相続した花山院家が別当を務めていた。

花山院家

47 二条城
に じょうじょう

桂宮家邸は、当主の後継ぎがなく断絶の後、宮内省管理の下にあったが、明治26年（1893）から27年の二条城大修復に際し、御書院、御常御殿などが同城本丸跡に移築され、本丸御殿として今に至る。

二条城

48 松琴亭
しょうきんてい

桂離宮の建物で、白と藍色の市松模様の床の間や襖があることで知られるのは、池を挟んで書院の対岸にある茶屋の松琴亭。茅葺入母屋の主屋と柿葺の茶室が連なり、背後に水屋、勝手が付属する構造である。

松琴亭

49 浴龍池
よくりゅう ち

修学院離宮の上離宮にあり、堤を築いて音羽川の水を引き込み造営してあるのが浴龍池。池の周りにいくつもの茶屋が配され、後水尾上皇御幸の際の、一行の舟遊びの舞台となった。

浴龍池

50 霞棚
かすみだな

修学院離宮の中離宮客殿は、天和２年（1682）に東福門院御所の奥対面所を移築したもの。客殿を飾る違い棚は「霞棚」と呼ばれ、桂離宮の「桂棚」、醍醐寺三宝院の「醍醐棚」と並び、天下の三棚と称される。

霞棚

神社・寺院

問 題 次の問いに答えなさい。または（　　　）にあてはまる最も適当な語句を漢字で書きなさい。

飛鳥〜奈良時代

1 松尾大社の境外摂社の月読神社には、安産石の名で知られる（　）がある。

【第8回】2（13）

（　　　　　　　　　　　　　）

2 神々は人々を救うための仏の化身であるとする本地垂迹説では、その根本である仏・菩薩を本地仏という。俗に鎮火の神として崇敬を集める愛宕神社が、武家の崇敬も集める由縁となった本地仏は何か。

【第12回】2（14）

（　　　　　　　　　　　　　）

3 身代わり観音の説話や、撫で仏と呼ばれる横たわった木造の釈迦涅槃像がある西国三十三所観音霊場第二十一番札所はどこか。

【第15回】2（18）

（　　　　　　　　　　　　　）

4 日本最古の紀年銘を持ち、美しい姿とともに「黄鐘調」と呼ばれる音色が有名な梵鐘（国宝）は、俗に「算盤面」ともいわれる寺院（　）にある。

【第4回】2（13）

（　　　　　　　　　　　　　）

5 聖徳太子の発願により建立されたと伝え、大化2年（646）に宇治橋が架けられると橋を管理する寺となった、通称「橋寺」と呼ばれる寺院はどこか。

【第13回】2（15）

（　　　　　　　　　　　　　）

6 嵐山の法輪寺境内には本尊が姿を変えたと伝わる羊の像が祀られている。この本尊とは何か。

【第12回】2（20）

（　　　　　　　　　　　　　）

解 答

なぞってみよう

1　月延石
つきのべいし

舒明天皇が月読神社の祭神・月読尊の神託により、筑紫から取り寄せた神功皇后ゆかりの石で、月延石と呼ぶ。神功皇后が身重の体で三韓に遠征し、帰還後、この石で腹をなでて無事出産したという伝説から、安産祈願にお参りする人が多い。

月延石

2　勝軍地蔵
しょうぐん じ ぞう

明治政府が神仏分離令を発するまで愛宕神社は、愛宕大権現として全山を白雲寺と号した。山岳信仰と修験道が融合した愛宕大権現の本地仏が勝軍地蔵で、鎌倉時代以降、戦勝祈願の対象として武士の間で信仰された。

勝軍地蔵

3　穴太寺 (アノウジ とも)
あな おお じ

丹波屈指の天台宗の古刹、亀岡市の穴太寺である。寺伝では、慶雲２年（705）、大伴古麿が創建したとされる。安寿と厨子王丸の伝説に登場する厨子王丸肌守御本尊を祀る。山椒太夫の姉弟への責めを代わってくれた仏様と伝わる。

穴太寺

4　妙心寺
みょうしんじ

妙心寺の梵鐘は、兼好法師の『徒然草』にも書かれた名鐘である。音色が雅楽の音律の一つである「黄鐘調」に合うことから、この名前がある。白鳳時代の紀年銘（698年）を持つ最古の和鐘で、嵯峨の浄金剛院にあったものが室町時代に妙心寺に移されたという。

妙心寺

5　放生院 (常光寺)
ほうじょういん　じょうこうじ

宇治市の真言律宗・放生院は、古くから宇治橋を守ってきたため「橋寺」の通称で知られている。聖徳太子の命で秦河勝が創建したと寺伝にあるが、定かではない。南都の僧・道登が大化２年（646）に架橋したとの石碑が現存する。

放生院

6　虚空蔵菩薩
こくうぞう ぼ さつ

本尊は虚空蔵菩薩。境内の羊の像は、本尊の使いといわれる。干支の丑年、寅年生まれの守り本尊でもあり、境内には牛と虎の像がある。虚空蔵菩薩は光、熱、雨、水など自然の恩恵を与えて、平等無限に動植物を育成しているといわれている。

虚空蔵菩薩

　次の問いに答えなさい。または（　　　）にあてはまる最も適当な語句を漢字で書きなさい。

7　大徳寺の開山となり、後に「大燈国師」の諡号を贈られた僧は誰か。
【第7回】2（14）

（　　　　　　　　　　　　　　　　）

平安時代

8　宮津市にある丹後国一之宮の籠神社に伝わる　「（　　）」（国宝）は日本最古の家系図とされる。
【第14回】7（1）

（　　　　　　　　　　　　　　　　）

9　比叡山延暦寺の東塔にあり、本尊の薬師如来像を安置する全山の総本堂を何というか。
【第3回】2（11）

（　　　　　　　　　　　　　　　　）

10　空海が唐から請来したもので、仁和寺にある宝相華迦陵頻伽蒔絵塝冊子箱（国宝）に納められている国宝の書は何か。
【第15回】2（14）

（　　　　　　　　　　　　　　　　）

11　千本閻魔堂とも呼ばれる寺院（　　）には、紫式部の墓と伝えられる石塔があり、重要文化財に指定されている。
【第5回】1（5）

（　　　　　　　　　　　　　　　　）

12　曹洞宗を開いた道元が創建し、伏見大仏と呼ばれる丈六の毘廬遮那仏や、深草少将ゆかりの井戸がある寺院はどこか。
【第15回】2（17）

（　　　　　　　　　　　　　　　　）

歴史・史跡

神社・寺院

建築・庭園・美術・工芸

生活・文化・伝統芸能

| 解 答 |

なぞってみよう

7　宗峰妙超
（しゅうほうみょうちょう）

大燈国師の諡号を贈られたのは宗峰妙超。播磨の出身。鎌倉・建長寺の南浦紹明に従って法を継いだ。播磨守護の赤松則村の帰依を受けて紫野・雲林院の敷地に小堂を建て、「大徳」と号したのが大徳寺の創建とされる。正中元年（1324）に伽藍を建て、勅願寺となった。

宗峰妙超

8　海部氏系図
（あま べ し けい ず）

籠神社に伝わる家系図である海部氏系図は、同社の累代社家海部家に歴代相承の秘巻として伝承された。始祖彦火明命から、平安前期までの直系子孫十六代の人名が記載されている。各人名の上に「丹後国印」が捺されている。

海部氏系図

9　根本中堂
（こんぽんちゅうどう）

平安時代の初め、伝教大師・最澄が創建した延暦寺は、初め比叡山寺と呼ばれ、その後、朝廷から延暦寺の寺号を賜った。東塔、西塔、横川の三塔から構成され、東塔の中心の堂宇は根本中堂と呼ばれ、比叡山全山の中心的な堂宇とされている。

根本中堂

10　三十帖冊子
（さんじゅうじょうさっし）

空海が唐で学ぶうち、青龍寺の恵果和尚らから修得した密教経典・儀軌（規則）などを書写したものが三十帖冊子。三筆の一人、橘逸勢も書写したとされる。本来、三十八帖あったとされるが、現存するのが三十帖であることからこう呼ばれる。

三十帖冊子

11　引接寺
（いんじょうじ）

上京区千本通寺之内上ルの引接寺は、昼は宮中、夜は地獄の閻魔大王に仕えたという小野篁が、閻魔大王の姿を刻み建立した祠が開基と伝わる。境内には紫式部の供養塔とされる石塔があり、ふしだらな物語を書いた罪で地獄に落ちた式部を篁がとりなしたとの伝説が残る。

引接寺

12　欣浄寺
（ごんじょうじ）

少将の邸宅跡と伝わるのは、伏見区墨染にある欣浄寺。少将の「百夜通い」の伝承は、小野小町に恋した少将が、邸宅跡と伝わる随心院に100日間通おうとしたが、99日目の夜、大雪が降る中で力尽きるという話。欣浄寺には少将遺愛の井戸や二人の供養塔がある。

欣浄寺

28

13 貞観元年（859）に創建された神社（　　　）は、朝廷や武家の崇敬を集め、9月15日に行われる例祭は三勅祭の一つとされた。　　　　　　【第4回】1（2）

（　　　　　　　　　　　　　　　　）

14 古くは、岡崎神社が東天王社と呼ばれていたのに対し、（　　　）は西天王社と呼ばれていた。　　　　　　　　　　　　　　　　　【第9回】2（12）

（　　　　　　　　　　　　　　　　）

15 通称・小町寺として知られる洛北の（　　　）は、本堂に安置されている小野小町の老衰像をはじめ、供養塔や姿見の井戸など、小町ゆかりのものが多く残る。　　　　　　　　　　　　　　　　　　　　　　　　【第9回】2（17）

（　　　　　　　　　　　　　　　　）

16 源頼義が創建して以来、源氏の氏神として崇敬され、現在地に移ってから陶祖神の椎根津彦命を合祀し、8月に陶器祭が行われる神社はどこか。　　　　　　　　　　　　　　　　　　　　　　　　【第3回】3（22）

（　　　　　　　　　　　　　　　　）

17 織屋の丁稚と織子のいがみ合いから起きた「撞かずの鐘」の伝説が残る寺院はどこか。　　　　　　　　　　　　　　　　　　　　　【第13回】4（40）

（　　　　　　　　　　　　　　　　）

18 牛若丸（源義経）が奥州に出発する時に道中の安全を祈願したと伝わることから、（　　　）は、旅行安全の信仰を集める。　　　　　【第8回】2（12）

（　　　　　　　　　　　　　　　　）

歴史・史跡

神社・寺院

建築・庭園・美術・工芸

生活・文化・伝統芸能

なぞってみよう

13　石清水八幡宮
いわ し みず はちまんぐう

八幡市の男山に鎮座する石清水八幡宮は、奈良・大安寺の僧・行教が貞観元年（859）に豊前・宇佐八幡宮の神託によって勧請した。例祭である石清水祭は天皇から勅使が派遣される勅祭とされ、明治維新までは8月15日、その後は9月15日に改められた。

石清水八幡宮

14　須賀神社
す が じんじゃ

牛頭天王、素戔嗚尊を祭神とする祇園信仰の神社のことを天王社という。東の岡崎神社に対し、西天王社と呼ばれた須賀神社は貞観11年（869）の創建と伝わり、祭神に素戔嗚尊などを祀る。その後、吉田山に遷座、大正時代に現在地に移された。

須賀神社

15　補陀洛寺
ふ だ らく じ

左京区静市の補陀洛寺で、墓所があるとの伝説にちなみ、「小町寺」と通称される。静市の静原にはかつて、清少納言の曽祖父、清原深養父の山荘があり、平家物語には深養父が補陀洛寺を訪ねたとの記述がある。現在の補陀洛寺は、この名跡を継いだもの。

補陀洛寺

16　若宮八幡宮社
わかみやはちまんぐうしゃ

平安後期に後冷泉天皇の勅願を得て、源頼義が左牛女西洞院に創建したのが若宮八幡宮社の始まりとされる。源氏の氏神として源頼朝をはじめ有力者の寄進が相次いだ。江戸時代の初めに現在地に移され、昭和24年（1949）に椎根津彦命が合祀された。

若宮八幡宮社

17　報恩寺
ほうおん じ

報恩寺の重文・梵鐘は、西陣の機屋に始業と終業を告げてきたという。平安後期の作とされ、大晦日のみに特別に撞かれる。中国の画人筆の鳴虎図があり、秀吉が聚楽第に飾ったところ、夜中に鳴き声が響くので寺に返却したと伝わり、鳴虎報恩寺と呼ばれる。

報恩寺

18　首途八幡宮
かど で はちまんぐう

首途八幡宮は、元は「内野八幡宮」と呼ばれ、宇佐八幡宮を勧請した社で、敷地は金売吉次の屋敷跡と伝えられる。ここで吉次と落ち合った牛若丸（後の源義経）は平泉への出発に際し、内野八幡宮に道中の安全を祈願したとされる。

首途八幡宮

| **問 題** | 次の問いに答えなさい。または（　　　）にあてはまる最も適当な語句を漢字で書きなさい。

19 古くから方除けの神として信仰を集める神社（　　）は、後鳥羽上皇が流鏑馬に事よせて諸国の兵を募り、承久の乱を起こしたことで知られる。　【第5回】1（10）

（　　　　　　　　　　　　　）

20 国の天然記念物に指定されている樹齢約600年の「遊龍松」で有名な、西山宮門跡とも呼ばれていた寺院はどこか。　【第2回】1（5）

（　　　　　　　　　　　　　）

21 『蜻蛉日記』の作者の夫で、東山区の大将軍神社の相殿に祀られている人物は誰か。　【第14回】2（12）

（　　　　　　　　　　　　　）

22 永暦元年（1160）、後白河院が創建した神社（　　）は、院御所であった法住寺殿の鎮守とされ、現在境内にあるオオクスノキは京都市の天然記念物に指定されている。　【第5回】1（7）

（　　　　　　　　　　　　　）

23 珍皇寺の盆の「迎え鐘」に対して、精霊を送る「送り鐘」で知られる寺町三条の寺院はどこか。　【第3回】2（18）

（　　　　　　　　　　　　　）

24 西雲院の紫雲石。法然がこの石の上で念仏を唱えたところ、紫雲光明が発するのを見たと伝える。本山である（　　）の山号・紫雲山はこの伝説に由来。　【第13回】6（4）

（　　　　　　　　　　　　　）

歴史・史跡

神社・寺院

建築・庭園・美術・工芸

生活・文化・伝統芸能

19　城南宮
<small>じょうなんぐう</small>

王城の南を守護する城南宮は、白河上皇が鳥羽殿を造営すると、その鎮守の神として尊崇を集め、祭礼として競馬や流鏑馬が盛んに行われた。承久の乱以後に城南流鏑馬は途絶えたが、平成17年（2005）に再現された。

城南宮

20　善峯寺
<small>よしみねでら</small>

遊龍松は西京区大原野の善峯寺境内にある。善峯寺は因幡出身の源算が創建したと伝えられ、治暦4年（1068）の大旱魃の時に、源算の祈祷で山の上から雨が降ってきたのを賞して、「良峰」の勅額が下賜されたとされる。応仁・文明の乱で大半の僧坊が焼失したが、秀吉の庇護と桂昌院の援助で旧勢に戻った。

善峯寺

21　藤原兼家
<small>ふじわらのかねいえ</small>

右大臣藤原北家師輔の三男で、藤原道長の父である藤原兼家。長女の超子が冷泉天皇に入内し、居貞親王を生んだ後、花山天皇を退位に追い込み、円融天皇に入内した三女・詮子が生んだ懐仁親王を一条天皇として即位させて外戚となり、摂政、氏長者となる。

藤原兼家

22　新熊野神社
<small>いまくまのじんじゃ</small>

後白河法皇の院御所・法住寺殿の鎮守社である新熊野神社は、熊野より勧請された。東山区今熊野椥ノ森にあり、祭神は熊野三山に祀られている十二神。法皇の熊野信仰はあつく、同社へも多くの堂舎や荘園を寄進した。

新熊野神社

23　矢田寺
<small>やたでら</small>

西山浄土宗の矢田寺である。平安初期、大和郡山の矢田寺（金剛山寺）を模して五条坊門に建てられ、豊臣秀吉によって寺町三条に移された。本尊の地蔵菩薩は、地獄で人々に代わって苦しみを受けるとして「代受苦地蔵」と呼ばれる。

矢田寺

24　金戒光明寺
<small>こんかいこうみょうじ</small>

紫雲石は法然ゆかりの霊石。「黒谷さん」の名前で親しまれている金戒光明寺の塔頭・西雲院にあり、山号・紫雲山の由来となっている。師の叡空から、この地にあった比叡山の白川禅房を譲り受け、念仏道場としたのが始まりとされる。

金戒光明寺

25 知恩院の瓜生石。（　　）が降臨して一夜のうちに瓜が生えて実った伝説がある。二条城へ続く抜け道の出入り口とも言われる。　　　　【第13回】6（5）

（　　　　　　　　　　　　　　）

鎌倉〜室町時代

26 栂尾の高山寺は、華厳宗中興の祖である（　　）により鎌倉時代に再興され、「鳥獣人物戯画」（国宝）があることで著名である。　　　　【第5回】1（9）

（　　　　　　　　　　　　　　）

27 祭神の少彦名命が薬の神であるため、医家の祖神として信仰されてきた別名天使社とも呼ばれる神社はどこか。　　　　【第15回】7（3）

（　　　　　　　　　　　　　　）

28 明治の神仏分離まで石清水八幡宮で祀られていた僧形八幡大菩薩像を本尊とする、八幡市の律宗寺院はどこか。　　　　【第15回】2（19）

（　　　　　　　　　　　　　　）

29 日蓮の孫弟子日像を開祖とする寺院（　　）は、洛中における法華宗寺院の草分け的存在で、尾形光琳筆の「松竹梅図」が所蔵されている。　　　　【第6回】1（10）

（　　　　　　　　　　　　　　）

30 境内に狛亥があり、日本三大摩利支天として知られる建仁寺の塔頭はどこか。　　　　【第15回】2（15）

（　　　　　　　　　　　　　　）

歴史・史跡

神社・寺院

建築・庭園・美術・工芸

生活・文化・伝統芸能

| 解 答 |

なぞってみよう

25 牛頭天王

知恩院門前の瓜生石は、同寺創建以前からあるといい、降臨
したのは八坂神社の祭神・牛頭天王。疫病退散の神で、祇園
祭の主神。神紋「五瓜に唐花」が瓜の断面に似ていることか
ら氏子は祇園祭期間中、キュウリを食べない風習がある。

牛頭天王

26 明恵

明恵は鎌倉前期の華厳宗の僧侶。両親を亡くし、9歳の時に
高尾・神護寺の文覚と弟子の上覚を師として出家、京や奈良
の学僧から真言密教、華厳経などを学ぶ。後鳥羽上皇から
栂尾の地を下賜され、高山寺を中興した。

明恵

27 五條天神宮

平安遷都にあたり弘法大師が大和国から天神を勧請したのが
創始とされる。当初は「天使の宮」と称され、後鳥羽天皇の
時に五條天神宮と改められた。少彦名命、大己貴命、天照皇
大神を祀り、医薬、まじないの神として崇敬されてきた。

五條天神宮

28 善法律寺

唐招提寺の末寺で、石清水八幡宮の南に位置する善法律寺で
ある。鎌倉時代に石清水八幡宮の第二十七代検校、善法寺宮清
が自宅を僧房にして開創。本尊は剃髪し、左手に宝珠、右手に
錫杖を持つ、神仏習合時代ならではの僧形八幡の姿である。

善法律寺

29 妙顕寺

上京区の妙顕寺は、日像が元亨元年（1321）に後醍醐天皇か
ら寺領を与えられて創建した、京都における最初の日蓮宗の
勅願寺。尾形光琳は、妙顕寺の檀信徒でもあったことから、
同寺には光琳筆の「松竹梅図」が伝わる。

妙顕寺

30 禅居庵

日本三大摩利支天とされるのは禅居庵。摩利支天の語源はサン
スクリット語で、陽炎を意味するマリーチ。形を隠して障害を
除き、利益を与えるとして戦国武将や庶民の間に信仰が広まっ
た。禅居庵以外は、金沢市の宝泉寺、東京都台東区の徳大寺。

禅居庵

次の問いに答えなさい。または（　　　）にあてはまる最も適当な語句を漢字で書きなさい。

31 車折神社に「正一位車折大明神」の神号を与えたと伝わる天皇は誰か。

【第14回】2（13）

（　　　　　　　　　　　　　　　　　　）

32 能の演目『田村』の題材となった縁起をもつ寺院はどこか。　【第8回】3（21）

（　　　　　　　　　　　　　　　　　　）

33 豊臣秀吉は織田信長の菩提を弔うため、大徳寺塔頭の（　　　）を建立した。

【第9回】2（14）

（　　　　　　　　　　　　　　　　　　）

34 境内に花びらが一片ずつ散る五色の八重散椿があることから、「椿寺」の通称で知られる一条通沿いの寺院はどこか。　【第13回】2（19）

（　　　　　　　　　　　　　　　　　　）

35 安珍・清姫の霊話で知られる紀州道成寺の鐘が伝わる岩倉の寺院はどこか。

【第9回】3（27）

（　　　　　　　　　　　　　　　　　　）

36 不明門通は、この通りに面する（　　　）の門が常に閉ざされていたことからその名がついたとされる。　【第11回】2（18）

（　　　　　　　　　　　　　　　　　　）

歴史・史跡

神社・寺院

建築・庭園・美術・工芸

生活・文化・伝統芸能

│ 解 答 │

なぞってみよう

31 後嵯峨天皇（ごさがてんのう）

仁治３年（1242）に即位した後嵯峨天皇。嵐山に遊行した時に、車折神社の前で牛車の轅（ながえ）が折れたので、「車折大明神」の神号と「正一位」の神階を贈ったとされる。その後、久仁親王に譲位し、院政を始めた。

後嵯峨天皇

32 清水寺（きよみずでら）

清水寺である。『田村』は戦物語を素材にした修羅能の中では異色の曲とされる。主流である源平合戦ではなく、征夷大将軍・坂上田村麻呂（さかのうえのたむらまろ）を主人公にしたことと、数少ない勝ち戦を描いている点だ。曲は清水寺の縁起と千手観音の霊験譚（たん）を綴る。

清水寺

33 総見院（そうけんいん）

総見院は天正10年（1582）、本能寺の変で自刃した織田信長の菩提寺（ぼだい）として、豊臣秀吉が創建した。開祖は古渓宗陳（こけいそうちん）で、総見院は信長の法名。境内には信長とその息子、信忠・信雄（のぶかつ）ら一族の墓があり、秀吉遺愛と伝わるワビスケ（ツバキ）でも知られる。

総見院

34 地蔵院（じぞういん）

本堂前庭の５色の八重椿にちなみ、「椿寺」の愛称で知られるのは北区の地蔵院。北野大茶会で縁のできた豊臣秀吉が、寄進したもの（二代目）だという。ピンクや白など咲き分けるのが特徴で、花びらが一片ずつ散ることから散り椿ともいわれる。

地蔵院

35 妙満寺（みょうまんじ）

紀州・道成寺（どうじょうじ）の安珍・清姫ゆかりの鐘は妙満寺にある。豊臣秀吉が天正13年（1585）紀州の根来寺（ねごろじ）を攻めた時、仙石権兵衛秀久が道成寺裏の竹林から鐘を掘り出して陣鐘として使った。京都に持ち帰り、安珍・清姫の怨念解脱のため、妙満寺に奉納された。

妙満寺

36 平等寺（びょうどうじ）（因幡堂（いなばどう）、因幡薬師堂（いなばやくしどう））

車屋町通は天正18年（1590）の秀吉による市街改造で開通したが、七条通辺りから北上すると、平等寺に突き当たって進めなくなる。平等寺の門が常に閉ざされていたことから平等寺以南の車屋町通は不明門通（あけず）の名が付けられた。

平等寺

次の問いに答えなさい。または（　　　　）にあてはまる最も適当な
語句を漢字で書きなさい。

37 世界遺産に登録されている宇治上神社の境内にある宇治七名水の一つは何か。
【第15回】2（13）

（　　　　　　　　　　　　　　　　　　）

38 石川丈山が隠居のために造営した詩仙堂の特徴ある地形に由来する正式名称は
何か。　　　　　　　　　　　　　　　　　　　　　　　【第14回】2（15）

（　　　　　　　　　　　　　　　　　　）

39 前田利家の夫人松子が創建し、「京の四閣」の一つとされる呑湖閣がある大徳
寺の塔頭はどこか。　　　　　　　　　　　　　　　　　【第7回】2（19）

（　　　　　　　　　　　　　　　　　　）

40 淀城主の永井尚政が宇治の地に菩提寺として復興し、総門から続く琴坂に植え
られたサクラ、カエデなどが有名な曹洞宗の寺院はどこか。
【第3回】2（17）

（　　　　　　　　　　　　　　　　　　）

41 寛永5年（1628）再建された南禅寺の三門は、誰の寄進によるものか。
【第2回】1（7）

（　　　　　　　　　　　　　　　　　　）

42 嵯峨野の寺院（　　　）は、藤原定家の歌「忍ばれむ物ともなしに小倉山軒端の松
ぞなれてひさしき」にちなんで軒端寺とも呼ばれる。　　【第4回】1（7）

（　　　　　　　　　　　　　　　　　　）

| 解 答 |

なぞってみよう

37 桐原水
きりはらすい

本殿が現存最古の宇治上神社にあるのは桐原水で、本殿右側にある手水舎の中に水が湧く。そのほかの宇治七名水は平等院南口の阿弥陀水、石碑のみになった公文水、泉殿、高浄水、百夜月井、平等院塔頭浄土院北側の法華水。

桐原水

38 凹凸窠
おうとつか

正しくは凹凸窠という。でこぼこした土地に建てられた住居の意。中国の詩仙36人の肖像を狩野探幽が描き、石川丈山が詩を書いた額が掲げられた詩仙の間があり、詩仙堂の名はそれに由来する。丈山はここに趣の異なる十の場所、十境を見立てた。

凹凸窠

39 芳春院
ほうしゅんいん

慶長13年（1608）に松子が玉室宗珀を開山として大徳寺に寄進したのは芳春院である。前田家の菩提寺で、芳春院は松子の法号。特異なスタイルの呑湖閣は、金閣・銀閣・飛雲閣と並んで「京の四閣」と呼ばれる。

芳春院

40 興聖寺
こうしょうじ

尚政が菩提寺としたのは興聖寺。宇治七名園の一つ・朝日茶園を寺地に選び、江戸初期、万安英種を中興開山に迎えて復興した。元は曹洞宗の祖・道元が深草に開いた道場が始まりという。尚政は花木を多く植え、今では花と紅葉の名所になっている。

興聖寺

41 藤堂高虎
とうどうたかとら

亀山天皇が母の御所として離宮を建て、やがて禅寺としたのが南禅寺の起源。応仁・文明の乱で焼亡したが、秀吉と家康の援助で復興に向かった。勅使門と法堂の間の三門は、秀吉や家康に仕えた近江出身の大名・藤堂高虎の寄進によるもの。

藤堂高虎

42 常寂光寺
じょうじゃくこうじ

嵯峨小倉山にある常寂光寺は、本圀寺の日禛が、ここに隠棲したことに始まり、元和年間（1615～24）に堂宇が整備された。藤原定家の歌にちなみ「軒端寺」の異称を持ち、寺地は定家の時雨亭跡と伝えられるが、跡地は厭離庵付近とも推定される。

常寂光寺

43 角倉了以・素庵父子、伊藤仁斎・東涯父子らの墓がある寺院はどこか。

【第13回】2（13）

（　　　　　　　　　　　　　　）

44 「谷御所」とも呼ばれ、日光椿のほか多数の名椿で有名な鹿ケ谷の尼門跡寺院はどこか。

【第3回】2（15）

（　　　　　　　　　　　　　　）

45 洛陽六阿弥陀巡りのひとつで、重要文化財の本堂が天台宗寺院として京都市内最大規模を誇り、境内には明治時代に初の民間銀行を立ち上げた三井家累代の墓がある寺院はどこか。

【第13回】2（14）

（　　　　　　　　　　　　　　）

46 後水尾法皇が貴船の鎮宅霊符神を大宮御所の真北に遷したことにはじまる、通称「鎮宅さん」と呼ばれる寺院はどこか。

【第13回】2（16）

（　　　　　　　　　　　　　　）

47 江戸時代より薬の町として栄えた二条通にあって、少彦名命、神農、ヒポクラテスなど医療にかかわる祭神を祀る神社はどこか。

【第15回】7（4）

（　　　　　　　　　　　　　　）

48 平安神宮は平安宮（大内裏）の建物を模して建立され、外拝殿は大極殿を、神門は応天門を模したものである。社殿は何を模したものか。

【第13回】2（11）

（　　　　　　　　　　　　　　）

なぞってみよう

43 二尊院

右京区嵯峨の二尊院である。角倉家の菩提寺で、江戸初期の豪商であり、大堰川など河川開削に力を尽くした角倉了以と、長男素庵らが葬られている。京都堀川に古義堂を開いた儒学者、伊藤仁斎と長男の東涯の墓所もある。

二尊院

44 霊鑑寺

臨済宗南禅寺派の霊鑑寺で、後水尾上皇が皇女・多利宮を開山として承応3年（1654）に創建。後西天皇の旧殿を賜り、現在地に移転した。当初の寺地は渓流に沿っていたため、「谷御所」と呼ばれた。後水尾上皇遺愛の「散椿」がある。

霊鑑寺

45 真如堂

三井家の家祖、三井高利をはじめ三井各家代々の墓があるのは左京区の真如堂で、正式名称は真正極楽寺。高利は江戸に呉服店を出し、両替店にも手を広げ、三井発展の基礎を築いた。65歳の時に松坂から京に移り住み、真如堂に墓所を希望したのが由縁とされる。

真如堂

46 閑臥庵

鎮宅さんと呼ばれるのは北区にある黄檗宗の閑臥庵。寛文11年（1671）に隠元禅師門下の千呆禅師を開山として創建された。後水尾法皇より「閑臥庵」の勅号を賜り、御所の勅願所とされた。十干十二支九星を司る総守護神の鎮宅霊符神が祀られている。

閑臥庵

47 薬祖神祠

二条薬種街は正徳2年（1712）、二条薬種問屋仲間が毒薬、偽薬の吟味役となり、10年後、幕府公認の問屋仲間になったことに始まる。薬祖神祠は二条通に面して拝殿、奥に鳥居と本殿がある。薬祖神祭は「二条の神農さん」と呼ばれ、盛大に行われてきた。

薬祖神祠

48 朝堂院

平安神宮は、明治28年（1895）の平安遷都千百年記念として創建された。社殿は平安京の朝堂院を約8分の5の大きさに縮小、2層の神門は応天門、外拝殿は大極殿を模している。神苑は七代目小川治兵衛らが作庭、昭和50年（1975）に名勝に指定された。

朝堂院

| 次の問いに答えなさい。または（　　　　）にあてはまる最も適当な
語句を漢字で書きなさい。

49 文久2年（1862）、尊王攘夷派であった岩倉具視が失脚したときに出家した
ところで、境内に歯牙塚も残る寺院はどこか。　　　　　【第14回】2（16）

（　　　　　　　　　　　　　　　）

50 自らは茶道での仕官を拒んで在野に終始したが、三人の息子には仕官を勧める
などして三千家の基礎を築いたのは誰か。　　　　　【第4回】3（24）

（　　　　　　　　　　　　　　　）

歴史・史跡

神社・寺院

建築・庭園・美術・工芸

生活・文化・伝統芸能

解 答

49　霊源寺
れいげんじ

岩倉具視は皇女和宮と徳川家茂との公武合体を進めたが、尊王攘夷派から非難されて失脚し、霊源寺で出家、岩倉村に居を移した。その後、薩長の討幕派と結んで王政復古の実現に貢献した。明治新政府では大納言、右大臣などを務めた。

霊源寺

50　千宗旦
せんそうたん

三千家の基礎を築いたのは千宗旦で、父は利休の後妻の連れ子・少庵。大徳寺にいたころ、祖父・利休の切腹事件に遭遇、千家再興が許されると侘茶を広めた。自らは仕官をせず、出仕した3人の息子が表千家、裏千家、武者小路千家を興した。

千宗旦

建築・庭園・美術・工芸

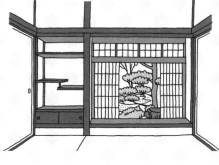

次の問いに答えなさい。または（　　　　）にあてはまる最も適当な語句を漢字で書きなさい。

1 桜の名所として有名な平野神社の本殿（重文）は、（　　　　）あるいは平野造と呼ばれる珍しい建築様式を持つ。　　　　　　　　　　【第6回】2（14）

（　　　　　　　　　　　　　　　）

2 金戒光明寺の塔頭・西翁院の茶室（　　　　）は、淀、山崎方面を遠望できるところであったことから名付けられた。　　　　　　　　　【第7回】3（24）

（　　　　　　　　　　　　　　　）

3 高山寺の国宝の建築物（　　　　）は、明恵の庵室であったと伝えられ、清滝川を望む高台に位置し、穏やかなたたずまいで知られる。　【第4回】1（8）

（　　　　　　　　　　　　　　　）

4 綾部市郊外の君尾山にある古刹（　　　　）には、宝治2年（1248）に造られた二王門があり、京都府北部の建造物で唯一国宝に指定されている。

【第6回】1（8）

（　　　　　　　　　　　　　　　）

5 現存最古の客殿遺構である方丈が、南北朝時代の建造ながら随所に寝殿造の趣きをもつとされ、国宝にも指定されている東福寺の塔頭はどこか。

【第13回】3（21）

（　　　　　　　　　　　　　　　）

6 藪内家の代表的な茶室（　　　　）（重文）は、相伴席付の三畳台目の茶室で、古田織部の作風がよく現れていることで知られる。　　【第6回】2（17）

（　　　　　　　　　　　　　　　）

歴史・史跡

神社・寺院

建築・庭園・美術・工芸

生活・文化・伝統芸能

| 解 答 |

なぞってみよう

1 比翼春日造
<small>ひ よく かす が づくり</small>

平野神社の本殿は「比翼春日造」と呼ばれる。古図や由緒によると、御祭神の4座の神を祀る4殿が2殿1棟になることからこの様式ができたという。平野神社独自の様式であることから「平野造」とも呼ばれる。

比翼春日造

2 澱看席
<small>よど みの せき</small>

西翁院は、江戸前期の町人で千宗旦の高弟の一人、藤村庸軒（1613～99）の養祖父が天正12年（1584）に創建したと伝わる。茶室は庸軒が造立、当初は「紫雲庵」と呼ばれたが、点前座勝手付の窓から淀のあたりまで遠望できたので、「澱看席」の名が付いた。

澱看席

3 石水院
<small>せきすいいん</small>

鎌倉前期の高僧・明恵によって中興された高山寺。そこにある国宝建造物で、明恵の庵室だったとされるのは石水院。貞応3年（1224）に後鳥羽上皇の賀茂別院を移したもので、明恵の庵室であるとともに、春日・住吉などの鎮守社の拝殿とした。

石水院

4 光明寺
<small>こうみょうじ</small>

光明寺二王門は、京都府最北の国宝建造物。昭和25年（1950）からの解体修理で棟札が見つかり、鎌倉時代の建築であることが確認された。栩葺きの屋根も全国的に珍しく、厚さ8分（約2.5センチ）の栗の板4500枚を3重に重ねて葺いている。

光明寺

5 龍吟庵
<small>りょうぎんあん</small>

龍吟庵は東福寺塔頭の一つで、方丈は嘉慶元年（1387）の建造とされ、現存最古の客殿遺構として国宝に指定される。中央の間を特に広くし、北室も当初は複数の小部屋だったと推定されるなど古式を残しており、蔀戸や妻戸も寝殿造の趣をもつ。

龍吟庵

6 燕庵
<small>えんなん</small>

藪内家の代表的な茶室は「燕庵」で、下京区西洞院通正面下ルの邸内にある。相伴席と本席の間の襖は取り外せば広く使える構造。初代・剣仲紹智は千利休の弟弟子で、利休に学び、古田織部の妹を妻とした。その縁で織部から贈られたのがこの茶室で、「燕庵」と号し、藪内流を興した。

燕庵

7 知恩院の三門を手掛けた造営奉行の一人で、三門楼上にある白木の棺に木像が納められている人物は誰か。　　　　　　　　　【第14回】3（21）

（　　　　　　　　　　　　　　）

8 二条城の二の丸御殿（国宝）は、車寄に続いて6棟が雁行して立ち並ぶ武家風書院造で、大広間と黒書院をつなぐ板敷きの大廊下は（　　　　　）と呼ばれている。　　　　　　　　　　　　　　　　　　　　　　　　【第6回】2（13）

（　　　　　　　　　　　　　　）

9 西本願寺の唐門（国宝）は、組物や扉などに彩色彫刻が施され、精緻な飾金物が打たれた華麗な門として有名である。その通称は何か。　【第3回】2（19）

（　　　　　　　　　　　　　　）

10 長岡京造営以前の創建とも伝わり、西国街道沿いに参道入り口がある（　　　　　　　）の本殿は、三間社流造で室町時代初期の特徴をよく表しており、東京都の明治神宮本殿のモデルとなった。　　　　【第12回】3（21）

（　　　　　　　　　　　　　　）

11 岩倉具視幽棲旧宅（左京区）の敷地内にあり、岩倉具視に関係する資料などが展示されている国の登録有形文化財の建物の名称は何か。　【第10回】3（22）

（　　　　　　　　　　　　　　）

12 明治35年（1902）に三条通に建設された煉瓦造の洋風建築で、外壁を残して内部のみを改築するファサード保存の手法が用いられた日本で最初の例とされる建物は何か。　　　　　　　　　　　　　　　　　　【第13回】3（22）

（　　　　　　　　　　　　　　）

| 解 答 |

なぞってみよう

7 五味金右衛門
ごみ きん え もん

三門の楼上に置かれた白木の棺に納められているのは、造営
奉行の一人だった五味金右衛門と妻の木像。金右衛門は造営
費が超過したことへの責任を負って夫婦で自害したとされ、
知恩院七不思議の一つとして語り継がれている。

五味金右衛門

8 蘇鉄の間
そ てつ

二条城は政治の場と将軍宿所という公的私的双方の機能を併
せ持ち、大広間までは公の場、黒書院より奥は将軍の私的空
間となっていた。その大広間と黒書院をつなぐのが大きな渡
り廊下で、「蘇鉄の間」と呼ばれ、通行だけではなく、ロ
ビーの役割も果たしていた。

蘇鉄の間

9 日暮門
ひぐらし もん

入母屋造の前後に大唐破風を配した檜皮葺、黒漆塗りの豪華
な四脚門で、通称は「日暮門」。伏見城からの移築と伝わる
桃山時代の代表的唐門で、随所に麒麟、唐獅子など極彩色の
彫刻が施され、美しさに見とれ日が暮れるのも忘れるほどと
の評判からその名が付いた。

日暮門

10 向日神社
む こう

明治神宮本殿のモデルとなったのは向日神社。重要文化財に指定
されている本殿は応永25年（1418）の建造。三間社流造の檜皮葺
で覆屋を持つ。天保2年（1831）に着工した修理では、前庇に大
虹梁を採用し、中間の側柱を省略するなど改変を加えている。

向日神社

11 対岳文庫
たいがく

岩倉公旧蹟保存会により、昭和3年（1928）に建てられた対
岳文庫は、鉄筋平屋建てで、具視の書簡や論文、意見書など
を中心に愛用品も加えた約2000点を保存してきた。現在は京
都市が管理、資料の多くを市歴史資料館に移し、専ら展示施
設として使用している。

対岳文庫

12 中京郵便局

中京郵便局の建物は明治35年（1902）に建てられたルネサン
ス様式の建築。昭和48年（1973）に郵政省が全面改築の方針
を打ち出すと、歴史的景観保持の観点から保存を求める声が
高まり、昭和53年（1978）に外壁のみ残すファサード保存に
よる建て替えが実現した。

中京郵便局

　次の問いに答えなさい。または（　　　　）にあてはまる最も適当な語句を漢字で書きなさい。

13 ドーム状の屋根を持つ赤れんが造りの本願寺伝道院は、明治45年（1912）竣工の近代建築である。これを設計した人物は誰か。　　　　【第14回】3（22）

（　　　　　　　　　　　　　　）

14 「モダニズム建築の旗手」として戦後日本の建築界をリードし、京都会館（現ロームシアター京都）を建築当初設計した建築家は誰か。　【第15回】3（23）

（　　　　　　　　　　　　　　）

15 京町家の走り庭で、表と奥を区切る中間付近に置かれる板や衝立のことを何と呼ぶか。　　　　　　　　　　　　　　　　　　　　　【第7回】4（35）

（　　　　　　　　　　　　　　）

16 南禅寺の塔頭（　　　　　　）の庭園は、小堀遠州が作庭した明確な記録が残っており、国の特別名勝に指定されている。　　　　　　　【第4回】2（18）

（　　　　　　　　　　　　　　）

17 仁和寺の御室御殿の庭園にある茶室「飛濤亭」は光格天皇遺愛、「遼廓亭」は（　　　　　　　　）の屋敷から移したと伝わり、ともに見どころとなっている。　　　　　　　　　　　　　　　　　　　　　　　　【第11回】3（24）

（　　　　　　　　　　　　　　）

18 銀閣寺の庭園にあり、白砂を盛り上げて円錐台形にしたものを何というか。　　　　　　　　　　　　　　　　　　　　　　　　　　　　【第7回】2（16）

（　　　　　　　　　　　　　　）

| 解 答 |

なぞってみよう

13　伊東忠太

伊東忠太（1867〜1954）の設計で、真宗信徒生命保険株式会社の新社屋として建てられた。れんが造で外壁に化粧れんがタイルを貼り、花崗岩の白帯を廻らせるなど英国風を基調とするが、玄関上部のインド風ドームや中国風高欄など随所にアジアの意匠を取り入れている。

伊東忠太

14　前川國男

前川國男（1905〜86）は東京帝大卒業後、渡仏してル・コルビュジエに師事。帰国後、モダニズム建築の旗手として活躍した。京都会館は昭和35年（1960）、左京区岡崎に建設された総合文化施設。平成24年（2012）に閉館・改修の後、ロームシアター京都として再デビューした。

前川國男

15　嫁かくし

京町家で表から奥まで縦に突き抜ける土間通路を「通り庭」といい、場所によって、「店庭」「玄関庭」など、その呼び方も変わる。台所付近を通る通路は「走り庭」で、客人からの目隠しに衝立などを置くことがあり、それを「嫁かくし」という。

嫁かくし

16　金地院

南禅寺塔頭の金地院は、元は鷹峯にあったとされるが、徳川幕府の中枢に連なった以心崇伝が再興し、現在地に移した。特別名勝の「鶴亀の庭」は、将軍家光を招くため、崇伝が小堀遠州に造らせたもの。江戸初期の代表的枯山水庭園として知られる。

金地院

17　尾形光琳

仁和寺庭園にある遼廓亭（重文）は、尾形光琳（1658〜1716）の屋敷から移築した二畳半台目の茶室で、織田有楽の茶室「如庵」（国宝）の写しとされる。飛濤亭は寛政年間（1789〜1801）ごろに光格天皇の異母兄が同寺門主だった関係で、天皇の好みが色濃く反映された茶室。

尾形光琳

18　向月台

銀閣寺庭園には、「向月台」と呼ばれる円錐台形の盛り砂や、白砂を段形に盛り上げた「銀沙灘」がある。室町八代将軍・足利義政の山荘・東山殿の造営時から西芳寺をモデルに整えられた庭園は、江戸時代に部分改修が行われ、向月台などもその際の新造とされる。

向月台

19 西本願寺の大書院庭園は（　　　　）と呼ばれ、豪快に鶴亀を配し、色石やソ
テツを用いるなどした桃山様式屈指の枯山水庭園で、国の特別名勝に指定され
ている。　　　　　　　　　　　　　　　　　　　　　　【第11回】3（26）

（　　　　　　　　　　　　）

20 醍醐寺三宝院の庭園は豊臣秀吉の作庭と伝えられ、天下の名石である（　　　）
を中心に、多くの石や橋を設け、華やかな雰囲気を今に伝えている。
　　　　　　　　　　　　　　　　　　　　　　　　　　　【第11回】3（28）

（　　　　　　　　　　　　）

21 亀山法皇遺愛の林泉で、心字池を特徴とする池泉回遊式庭園が国の史跡および
名勝に指定されており、方丈などの建物が桂昌院の寄進によって再興された寺
院はどこか。　　　　　　　　　　　　　　　　　　　　【第13回】3（24）

（　　　　　　　　　　　　）

22 法華宗最初の勅願寺である妙顕寺の書院前庭は、何と名付けられているか。
　　　　　　　　　　　　　　　　　　　　　　　　　　　【第13回】3（25）

（　　　　　　　　　　　　）

23 かつて妙法院の境内にあり、平重盛邸であった「小松殿」の遺構ともいわれる
東山区にある庭園の名称は何か。　　　　　　　　　　　【第14回】3（24）

（　　　　　　　　　　　　）

24 国の特別名勝「青女の滝」で知られる法金剛院は、元は平安時代の貴族の山荘
であった。この人物は誰か。　　　　　　　　　　　　　【第15回】3（24）

（　　　　　　　　　　　　）

歴史・史跡

神社・寺院

建築・庭園・美術・工芸

生活・文化・伝統芸能

| 解 答 |

なぞってみよう

19 虎渓の庭
こけい

中国の故事「虎渓三笑」にちなんで、虎渓の庭と呼ばれる。故事に語られる渓谷と橋が庭園に表現されており、護岸石組を巡らせた亀島、鶴島を配する枯山水で、書院造庭園を代表する存在。ソテツの群植、大ぶりで色彩豊かな庭石が豪華さを演出している。

虎渓の庭

20 藤戸石
ふじといし

庭園の池の南岸に、三尊石の中尊として立つのが名石・藤戸石で、備前藤戸の渡（岡山県児島湾）の産とされることからその名がある。足利将軍家の室町殿、細川藤賢邸、足利義昭の二条新第と移った後、秀吉が聚楽第（ジュラクダイとも）に運び込み、慶長3年（1598）に三宝院に移した。
ふじかた / じゅらくてい

藤戸石

21 南禅院

南禅院は、文永元年（1264）に亀山天皇（1249～1305）が生母のため造営した離宮を起源とする。御廟と方丈前に広がる園池を中心とした回遊式の庭園で、方丈の西と南にまたがって池が二つあるように見えるのが趣を添え、背後の山林が離宮当時の雰囲気を伝えている。

南禅院

22 光琳曲水の庭

後醍醐天皇の発願で日像が創建した妙顕寺。書院前庭は「光琳曲水の庭」といわれ、絵図をもとに尾形光琳の絵画世界を表現する庭として造られた。境内にはほかに「龍華飛翔の庭（四海唱導の庭）」「孟宗竹の庭」と趣の違う庭があり、三つの庭園風景が楽しめる。
みょうけんじ

光琳曲水の庭

23 積翠園
しゃくすいえん

「積翠園」はフォーシーズンズホテル京都の敷地内にあり、東南から西北にかけて広大な池庭が展開する。元は南隣の妙法院境内で、池中に大小2島、島の岸近くに夜泊石5個が直線的に並ぶ平安後期の作庭手法から、この地にあった小松殿の遺構と見られている。

積翠園

24 清原夏野
きよはらのなつの

法金剛院は平安時代初め、舎人親王の曾孫にあたる清原夏野（782～837）が営んだ山荘を起源とする。一時衰退の後、鳥羽天皇の中宮・待賢門院璋子（タマコとも）により再興、現在の寺名となった。「青女の滝」を中心とした庭園は、回遊式浄土庭園の代表例として知られる。
とねり / しょうし / せいじょ

清原夏野

25 足利義満が春屋妙葩を開山に迎えて建立し、嵐山を遠景に、二層宝形の舎利殿を中心とした石組と、苔地が広がる穏やかな枯山水庭園がある寺院はどこか。

【第14回】3（23）

（　　　　　　　　　　　　　）

26 空海の師・恵果が、空海に与えるため、唐の画家・李真らに、真言宗の祖師五人を描かせた「真言五祖図」は、空海が持ち帰り、わが国でさらに二人を加えて、国宝として東寺に残る。この国宝とは何か。　【第10回】3（23）

（　　　　　　　　　　　　　）

27 神護寺には国宝の似絵（肖像画）が3点ある。「伝源頼朝像」「伝平重盛像」ともう1点は何か。　【第11回】4（31）

（　　　　　　　　　　　　　）

28 広隆寺の十二神将立像（国宝）の作者と伝えられ、京仏師を代表する三条仏所の祖は誰か。　【第3回】3（25）

（　　　　　　　　　　　　　）

29 日本画家、橋本関雪の邸宅「白沙村荘」にある約50畳の大画室を何というか。

【第10回】3（27）

（　　　　　　　　　　　　　）

30 本阿弥光悦と協力し、光悦自身の書と俵屋宗達の下絵が美しい嵯峨本を出版した豪商は誰か。　【第11回】4（34）

（　　　　　　　　　　　　　）

歴史・史跡

神社・寺院

建築・庭園・美術・工芸

生活・文化・伝統芸能

25　鹿王院 <small>ろくおういん</small>

なぞってみよう

鹿王院は、足利義満が延命祈願のため、春屋妙葩を開山に招き創建した宝幢寺の開山塔所で、応仁・文明の乱などで荒廃したが、寛文年間（1661〜73）に虎岑玄竹が中興した。庭園は嵐山を背景に、舎利殿前に三尊石など一群の石組を配し、前面に苔地が広がる枯山水。

鹿王院

26　真言七祖像

空海が入唐し、恵果（ケイカとも）から与えられ持ち帰った「真言五祖図」は、金剛智、善無畏、不空、一行、恵果の祖師５人を描いた肖像画。帰国後、空海は新たに龍猛、龍智の２人を金剛智に先立つ祖師として追加した。これは「真言七祖像」と呼ばれ、現在まで東寺に伝わる。

真言七祖像

27　伝藤原光能像 <small>みつよし</small>

もう１点は「伝藤原光能像」。光能は後白河法皇の近臣で、『神護寺略記』によると、法皇のため建てられた同寺仙洞院には、法皇の画像を中心に、重盛、頼朝、光能、平業房の像が安置されたという。宮廷画家・藤原隆信の一門が手分けして描いたと考えられている。

伝藤原光能像

28　長勢 <small>ちょうせい</small>

三条に仏所を構え、後に「円派」と呼ばれる平安末から鎌倉期にかけ活躍した仏師集団の祖とされるのは長勢である。寄木造の完成者・定朝の弟子で、師の優美な様式を継承、宮中や寺院の造仏に腕をふるい、京仏師の間で重きをなした。十二神将立像はその代表作。

長勢

29　存古楼 <small>そんころう</small>

白沙村荘は大正５年（1916）、橋本関雪が33歳の年に落成した邸宅で、居宅や大画室、庭園、持仏堂からなる。大画室は「存古楼」と名付けられ、「長恨歌」や「唐犬図」など大作の制作の場となった。池泉回遊式の庭園は、国の名勝に指定されている。

存古楼

30　角倉素庵 <small>すみのくらそあん</small>

光悦とともに嵯峨本を出版したのは、江戸初期の京都の豪商、角倉素庵。角倉船による海外貿易や大堰川掘削の土木事業などで知られる角倉了以の長男で、豪商としての活動の一方、儒学や和歌、書、能、茶道など幅広い教養人で、嵯峨本刊行にも力を注いだ。

角倉素庵

31 本阿弥光悦は陶芸にも秀で、その楽茶碗は「（　　　）」の赤、「不二山」の白の意匠で茶人に喜ばれた。　　　　　　　　　　　【第12回】3 (27)

（　　　　　　　　　　　　　　）

32 宮崎友禅斎の考案と伝わる友禅染は、明治時代に染色家の（　　　）によって型友禅の基礎が開発され、量産化の道が開かれた。　　　【第12回】3 (29)

（　　　　　　　　　　　　　　）

33 釈尊（釈迦）の生涯と前世での修行の物語を説いた伝記に絵が付けられ、上品蓮台寺や醍醐寺に残る奈良時代のものが国宝に指定されている経典は何か。
　　　　　　　　　　　　　　　　　　　　　　　　　　　【第13回】3 (26)

（　　　　　　　　　　　　　　）

34 与謝蕪村に俳句や絵画を学び、蕪村死後は対照的な画風の円山応挙にも影響を受け、その住まいから四条派と呼ばれる流派の祖となった絵師は誰か。
　　　　　　　　　　　　　　　　　　　　　　　　　　　【第13回】3 (28)

（　　　　　　　　　　　　　　）

35 平等院の鳳凰堂中堂内部の長押上の小壁に掛けられており、鳳翔館に保存されるものも合わせて現存する52躯が国宝に指定されている仏像彫刻は何か。
　　　　　　　　　　　　　　　　　　　　　　　　　　　【第13回】3 (29)

（　　　　　　　　　　　　　　）

36 京狩野の祖とされる（　　　）は、永徳風の豪壮な筆法に装飾性を加味した画風で知られ、大覚寺宸殿や妙心寺などに優れた作品を残した。　【第6回】2 (12)

（　　　　　　　　　　　　　　）

歴史・史跡

神社・寺院

建築・庭園・美術・工芸

生活・文化・伝統芸能

| 解 答 |

31 毘沙門堂
びしゃもんどう

本阿弥光悦の陶芸は鷹峯に光悦村を開いてから本格化。樂吉左衛門常慶らから土を取り寄せ、樂焼の技法を踏まえつつ独自の造形感覚が光る作品を生み出した。国宝の白樂茶碗「銘不二山」、黒樂では重文の「銘　雨雲」、そして赤樂では「銘　毘沙門堂」が優品として名高い。

毘沙門堂

32 広瀬治助
ひろせじすけ

広瀬治助（1822～90）は幕末・明治期の京都の友禅染色家。明治12年（1879）、写し糊を使って染める「写し染」の技法を開発した。「型友禅」の基礎となる技術で、江戸・元禄期に宮崎友禅斎が開発したとされる友禅染（手描友禅）に量産化の道を開いた。

広瀬治助

33 絵因果経
えいんがきょう

絵因果経は紙面を上下に分け、上段に絵、下段に経文を記した経典。釈迦の前世での説話や、現世でどのように仏としての成道を得たかなど説いた「過去現在因果経」を下段に、上段にはそれに対応する絵を配した。国宝の絵因果経は後の世の絵巻に通じる趣がある。

絵因果経

34 呉春
ごしゅん

呉春（1752～1811）は俗姓・松村氏。若年で蕪村に絵や俳諧を学び、月渓と号したが、父と妻の死後は池田に移り、同地の古名にちなみ呉春と名乗った。蕪村没後に京に戻り、応挙とも親しく交わって平明で瀟洒な新様式を展開。一門が四条近辺に住むことから四条派と呼ばれた。

呉春

35 雲中供養菩薩像

鳳凰堂内部の小壁を彩る仏像は、雲中供養菩薩像52体。檜の割矧造で、40～87センチの大きさの仏像群。蓮華や宝珠を手にしたり、立って舞う姿など、雲の上で供養讃嘆する優美な姿が立体的に表現され、平安貴族があこがれた極楽浄土の華やぎを演出している。

雲中供養菩薩像

36 狩野山楽
かのうさんらく

狩野山楽（1559～1635）は、浅井長政の家臣の家に生まれ、豊臣秀吉に画才を認められて狩野永徳の弟子となり、「狩野」姓を許された。豊臣家滅亡後は徳川家に許され、「江戸狩野」を築いた狩野探幽ら宗家に対し、「京狩野」の祖として京の寺院に幾多の作品を残した。

狩野山楽

56

| **問 題** | 次の問いに答えなさい。または（　　　）にあてはまる最も適当な語句を漢字で書きなさい。

37 江戸時代の京焼の陶工で、主に煎茶器を制作し、のちに青蓮院宮の御用焼物師となった人物は誰か。　　　　　　　　　　　【第14回】3（27）

（　　　　　　　　　　　　　）

38 醍醐寺三宝院の障壁画「蘇鉄に孔雀図」の作者で、円山応挙の師としても知られる絵師は誰か。　　　　　　　　　　　【第14回】3（29）

（　　　　　　　　　　　　　）

39 南禅寺法堂の天井に瑞龍図を描いた明治・大正期の日本画家は誰か。
　　　　　　　　　　　　　　　　　　　　　　　　　　【第15回】3（28）

（　　　　　　　　　　　　　）

40 京都府内唯一の白鳳時代の丈六金銅仏である釈迦如来坐像（国宝）を所蔵する寺院はどこか。　　　　　　　　　　　　　【第15回】3（29）

（　　　　　　　　　　　　　）

解 答

なぞってみよう

37　青木木米
あおき もくべい

池大雅や頼山陽と交わった文人画家としても知られる青木木米（1767〜1833）で、本格的な磁器焼成を成し遂げた奥田頴川に師事し、粟田口に窯を開いた。青磁、染付、中国・朝鮮陶磁器の写しに腕をふるい、赤絵、五彩、金襴手、御本写しも手掛けるなど幅広い作域を誇った。

青木木米

38　石田幽汀
いし だ ゆうてい

醍醐寺三宝院の表書院の障壁画「蘇鉄に孔雀図」の作者は石田幽汀（1721〜86）。江戸中期に京都で活躍した絵師で、狩野派の流れをくむ鶴沢探鯨に師事し、琳派風の装飾性に写実性を融合させた独自の画風を確立。禁裏御用絵師を務め、弟子に円山応挙、原在中がいる。

石田幽汀

39　今尾景年
いま お けいねん

明治42年（1909）再建の南禅寺法堂に天井画・蟠龍を描いたのは、明治、大正期に活躍した今尾景年（1845〜1924）。京都に生まれ、円山四条派の鈴木百年に師事、同派の伝統を受け継いで、精緻な写生に基づく色彩豊かな花鳥画を得意とした。

今尾景年

40　蟹満寺
かにまん じ

木津川市山城町にある蟹満寺が所蔵する。由緒は明らかでないが、像高約240センチ、重量約2.2トンと壮大華麗な像容を誇る、丈六仏の傑作。均衡穏当な姿態と、流れるような衣文の曲線表現が荘重さを生み出す、白鳳時代彫刻の代表作とされる。

蟹満寺

58

| 問 題 | 次の問いに答えなさい。または（　　　　）にあてはまる最も適当な語句を漢字で書きなさい。

41〜45　日本の最も古い作庭の伝書である（　41　）の著者とされる橘俊綱は作庭家でもあった。

　平安期の浄土庭園の代表的なものは、京都府木津川市加茂町にある寺院（　42　）の庭園で、国の史跡・特別名勝に指定されている。南北朝・室町時代に後醍醐天皇、足利尊氏が帰依した著名な禅僧（　43　）は、天龍寺庭園、西芳寺庭園などを手がけた。室町時代半ばには、阿弥号を有する（　44　）が足利義政に取り立てられ、作庭分野で名を残している。

　大徳寺塔頭である大仙院書院庭園は（　45　）様式の代表例で、立石を滝と眺め、白砂を敷いて渓流が大海へと至る風景を表現している。江戸期に小堀遠州が作庭に携わった南禅寺塔頭の金地院庭園（鶴亀の庭）も同じ様式である。　　　　　　　　　　　　　　　【第9回】5（41〜45）

解 答

なぞってみよう

41 作庭記

『作庭記』は、平安中期ごろに書かれた日本最古の作庭書で、古くは『前栽秘抄』と呼ばれた。平安京内の寝殿造庭園の作庭を想定しており、全体の地割から、池・島・滝・遣水・泉・前栽など作業現場での具体的な施行法まで詳述している。

作庭記

42 浄瑠璃寺

浄瑠璃寺の庭園は浄土庭園の代表例とされ、三方を山に囲まれた地形を利用し、池を中心に西に阿弥陀堂、東に三重塔を配する。阿弥陀堂には9体の阿弥陀如来像が本尊として祀られており、それが「九体寺」の別名ともなっている。

浄瑠璃寺

43 夢窓疎石

西芳寺庭園や天龍寺庭園を手がけたのは、鎌倉後期から南北朝時代の臨済僧・夢窓疎石(1275〜1351)。禅の思想を背景に、「残山剰水」の考え方を作庭に取り入れた。石組み主体の立体的な空間構成を特徴とし、意匠・手法に新機軸を打ち出した。

夢窓疎石

44 善阿弥

善阿弥は、室町時代の河原者のうち、作庭に従事する山水河原者に属する。「泉石の名手」と称され、東山殿（後の銀閣寺）を造営した足利義政の同朋衆として取り立てられ、室町殿、相国寺塔頭・蔭涼軒（ともに現存せず）などの作庭に従事した。

善阿弥

45 枯山水

大仙院書院庭園は、枯山水様式の代表である。石組みや白砂・苔などで自然の風景を象徴的に表現するこの様式が成立するのは室町中期ごろとされるが、『作庭記』にもすでにその言葉が記されており、寝殿造庭園でも水辺と離れた場所の石組みを指す用語だったとされる。

枯山水

| 問題 | 次の問いに答えなさい。または（　　　　）にあてはまる最も適当な語句を漢字で書きなさい。

46～50　明治・大正期に入ると、七代目（　46　）が現れ、無鄰菴、平安神宮神苑など、後世に受け継がれる名園を残した。昭和期に活躍した庭園史研究家、作庭家の（　47　）が造った東福寺方丈庭園は、禅宗のモダンな庭園として世界に紹介されている。また、中根金作は妙心寺塔頭の（　48　）に余香苑という庭をつくった。余香苑には水滴が落下して響くかすかな水音を楽しむ庭園装置（技法）の（　49　）が使われている。

　平成17年（2005）に開館した京都迎賓館の庭園の設計には、「庭と建物を一体につくる」という考え方「（　50　）」が取り入れられている。これは、室内にいながら自然の中に身をおいているように感じ取れる空間を理想とすることをいう。　　　　　　　　　　　　【第9回】5（46～50）

| 解 答 |

46 小川治兵衛
（おがわじへえ）

無鄰菴など手がけたのは、「植治」の屋号で知られる京の庭師・七代目小川治兵衛（1860〜1933）。山県有朋をはじめ、近代数寄者から影響を受け、身近な自然をモチーフに原寸大で自然を表現する作風で、近代庭園のスタイルを確立した。

小川治兵衛

47 重森三玲
（しげもりみれい）

重森三玲は、庭園の芸術性を標榜した、昭和を代表する作庭家。伝統的な庭園の実測・研究などを通して独自の庭園史観を抱き、伝統に学びつつ「永遠のモダン」を目指した。東福寺方丈庭園「八相の庭」（はっそう）がその代表作で、重森の作庭意図がうかがえる。

重森三玲

48 退蔵院
（たいぞういん）

余香苑は、昭和40年（1965）に完成した、妙心寺塔頭・退蔵院の庭園。植栽豊かな回遊式庭園で、入り口付近に枯山水の庭を配し、坂を下って最も低い位置にある藤棚付近から見渡すと、流れ・池を含む庭の全景が望める空間構成になっている。

退蔵院

49 水琴窟
（すいきんくつ）

その余香苑に趣を添えるのが水琴窟。蹲踞（つくばい）などに併設する排水装置だが、庭園の音響装置としての役割も持つ。地中に、底に小穴を開けた伏せがめを埋め込み、そこに滴り落ちる水音を楽しむ。江戸中期頃から庭園に興趣をもたらす装置として導入された。

水琴窟

50 庭屋一如
（ていおくいちにょ）

京都迎賓館庭園には、庭と建物を一体に造るという「庭屋一如」の考え方が取り入れられている。建物と庭、さらに敷地外の京都御苑の緑との連続感や、東山、北山、西山への広がりが生み出す自然との一体感が、安らぎを感じさせる効果をもたらしている。

庭屋一如

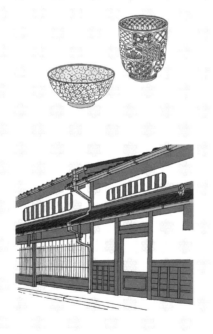

生活・文化・伝統芸能

1 奈良時代、遣唐使によって伝えられた唐菓子の一つで、一般に「御団」、「聖天さん」とも呼ばれる菓子は何か。　　　　　　　【第6回】 4（36）

（　　　　　　　　　　　　　　）

2 建仁寺塔頭の両足院にゆかりがあり、饅頭を日本にもたらした人物は誰か。

【第14回】 4（32）

（　　　　　　　　　　　　　　）

3 室町時代から江戸時代にかけて、陰暦の6月16日に厄除けのために食べる風習が広まったといわれる菓子は何か。　　　　　　【第15回】 4（38）

（　　　　　　　　　　　　　　）

4 幽霊が赤子になめさせるために買い求めたという由来を持ち、現在も六道珍皇寺の近くで販売されている飴を何というか。　　　【第10回】 4（37）

（　　　　　　　　　　　　　　）

5 宇治田原の出身で、今日の日本煎茶の主流となる「青製煎茶製法」を開発・普及させた人物は誰か。　　　　　　　　　　　【第15回】 4（32）

（　　　　　　　　　　　　　　）

6 江戸時代後期に煎茶手前を創案し、その家元として公家や文人に煎茶道を流行させ、のちにその喫茶法が『喫茶弁』として出版された人物は誰か。　【第13回】 4（35）

（　　　　　　　　　　　　　　）

歴史・史跡

神社・寺院

建築・庭園・美術・工芸

生活・文化・伝統芸能

| 解 答 |

1 清浄歓喜団 (せいじょうかんきだん)

唐菓子(からくだもの)とは、米や麦の粉を練って油で揚げたものとされる。梅枝、桂心など多くの種類があり、その一部が神饌(しんせん)や仏供(ぶっく)として継承されている。清浄歓喜団もその一つで、歓喜天（聖天）などの供物でもある。現在は京都の老舗・亀屋清永で製菓されている。

清浄歓喜団

2 林浄因 (りんじょういん)

饅頭の製造を伝えたのは、建仁寺の龍山徳見禅師(りゅうざんとっけん)に従って中国から来朝した林浄因ともいわれている。浄因は奈良で饅頭屋を開いたとされている。両足院は龍山徳見禅師によって開山され、林浄因の家系からは累代、両足院住持を輩出している。

林浄因

3 嘉祥菓子 (かじょうかし)

6月16日に、朝廷や武家の間で食品を贈答する「嘉祥」と呼ばれる行事があった。江戸城では大広間に並べた羊羹や饅頭を諸士に賜った。民間にも広まり、明治に廃れたが、昭和になり、全国和菓子協会が「和菓子の日」を定め、嘉祥菓子を販売している。

嘉祥菓子

4 幽霊子育飴 (ゆうれいこそだてあめ)

慶長4年（1599）、東山六道の辻の飴屋に毎夜、飴を買いに来る女性がいた。身重のまま亡くなった女性で、墓地で出産、幽霊となって飴を求め、赤ん坊になめさせていた。幽霊子育飴と呼ばれるようになり、今も、みなとや幽霊子育飴本舗が販売している。

幽霊子育飴

5 永谷宗円 (ながたにそうえん)

永谷宗円は、宇治田原の篤農家として育ったとされる。その人柄と業績が、煎茶の盛んな生産と広範な流通の有様と結びつき、青製煎茶(あおせいせんちゃ)の祖と仰がれるようになったと思われる。江戸の茶商山本嘉兵衛ともカップリングされ、創始伝説は固定化している。

永谷宗円

6 小川可進 (おがわかしん)

煎茶家・小川可進である。京都に生まれ、医学を学び開業したが、茶について多年の研究ののち、50歳で医者から煎茶家に転身。合理的、衛生的な方法による煎茶法をあみだした。遺著『喫茶弁』(きっさべん)には茶の煎法など小川流煎茶の根本が述べられている。

小川可進

| **問 題** | 次の問いに答えなさい。または（　　　）にあてはまる最も適当な語句を漢字で書きなさい。

7 公家や武家に料理を供する庖丁家の中で、戦国武将の細川晴元の庖丁人から興った流派は何か。　　　　　　　　　　【第11回】 5（48）

（　　　　　　　　　　　　　　　　）

8 黄檗山萬福寺を開いた隠元隆琦によって中国からもたらされた精進料理は何か。　　　　　　　　　　　　　　　　　　【第6回】 4（34）

（　　　　　　　　　　　　　　　　）

9 上賀茂神社の社家の出身で、書家として始まり、東京に「星岡茶寮」を開き、陶芸家、料理家としても知られた人物は誰か。　　【第14回】 4（31）

（　　　　　　　　　　　　　　　　）

10 寄木造を完成させた定朝の父とされ、東福寺の塔頭である同聚院の不動明王坐像を制作したと伝わる仏師は誰か。　　　　　　【第11回】 4（33）

（　　　　　　　　　　　　　　　　）

11 歌道の冷泉家では、月次歌会など王朝以来の貴重な行事を今に伝えているが、その中で公家の七夕行事は何か。　　　　　　　【第9回】 3（23）

（　　　　　　　　　　　　　　　　）

12 知恩院の門前に住居を構えた江戸時代の町絵師で、斬新なデザインによる彩色を考案し、今日の高級手描き染色の基礎を築いたとされる人物は誰か。
　　　　　　　　　　　　　　　　　　【第15回】 4（31）

（　　　　　　　　　　　　　　　　）

歴史・史跡

神社・寺院

建築・庭園・美術・工芸

生活・文化・伝統芸能

　　　　　京都検定1級漢字ドリル

解 答

なぞってみよう

7 進士流
しんじりゅう

平安前期の公卿・藤原山蔭（やまかげ）は、料理の故実や作法などを体系化した庖丁式を確立、四条流庖丁式を創始した。室町末期に、その流れを会得した進士次郎左衛門尉が細川晴元の庖丁人となり、進士流を立ち上げ、武家における庖丁式の一流派が始まった。

進士流

8 普茶料理
ふちゃりょうり

江戸初期、中国から招かれ、萬福寺を開いた隠元隆琦（いんげんりゅうき）は禅の教えだけでなく、食材や料理法など中国の食文化も伝えた。その一例が普茶料理。野菜などを中心とした精進料理だが、中国式の食事作法や、ごま油や葛粉（くず）を多用しているのが特徴。

普茶料理

9 北大路魯山人
きたおおじ ろ さんじん

陶芸、書、篆刻（てんこく）にとどまらず、料理でも才を見せたのは北大路魯山人。没後、米国で評価が高まり、美食家として注目される。若い時分に各地の素封家の食客となり、料理と陶芸への意識を高め、東京の星岡茶寮（ほしがおか）では厨房に立ち、政財界人らの評判を得た。

北大路魯山人

10 康尚
こうしょう

藤原道長に重用された仏師・康尚。東福寺の前身は藤原氏の氏寺・法性寺（ほっしょうじ）で、同聚院（どうじゅいん）の不動明王坐像は五大堂の本尊だったと伝えられる。丸みのある肉身表現や一部寄せ木による構造など、定朝によって完成された様式の先駆的な作例とされる。

康尚

11 乞巧奠
きっこうてん

技芸の上達を乞う祭りで、陰暦7月7日に行われる行事は乞巧奠である。元来は中国の行事で、奈良時代に宮中の節会（せちえ）として取り入れられた。日本在来の棚機女（たなばたつめ）の伝説や禊（みそぎ）の行事と結び付き、民間にも普及して現在の七夕行事となった。

乞巧奠

12 宮崎友禅斎
みやざきゆうぜんさい

宮崎友禅斎である。元禄5年（1692）、自らが出版した『余情ひなかた』に「洛東知恩院門前　扶桑扇工友禅」とある。元は扇面絵師だったが、小袖のデザインも手掛けるようになり、その染め技法が名前から「友禅染」として定着していった。

宮崎友禅斎

問題 次の問いに答えなさい。または（　　　　）にあてはまる最も適当な語句を漢字で書きなさい。

13 祇園祭の山伏山には、山伏の姿をした御神体が飾られる。そのモデルとされ、かつて傾いた法観寺の八坂塔を法力で直したと伝わる僧は誰か。

【第11回】5（42）

（　　　　　　　　　　　　　　）

14 祇園祭後祭の宵山期間中に、八幡山が会所で公開している「祇園会還幸祭図屏風」の作者は誰か。 【第15回】4（36）

（　　　　　　　　　　　　　　）

15 祇園祭の山鉾で、左甚五郎作といわれる破風蟇股の彫刻や、円山応挙による屋根裏の草花図で知られるのは何鉾か。 【第4回】4（31）

（　　　　　　　　　　　　　　）

16 かつて京都で疫病が流行した際、菓子屋の当主が大峰山修業中に霊夢を受けて作ったのが始まりといわれ、祇園祭の宵山に限り販売される京菓子は何か。

【第4回】4（36）

（　　　　　　　　　　　　　　）

17 祇園祭の船鉾では、巡行の際に御神体がつける面を木箱から取り出し、無事を確かめる「神面改め」が7月3日に行われる。この神面をつける御神体（祭神）は誰か。 【第12回】4（34）

（　　　　　　　　　　　　　　）

18 7月15日に四条麩屋町において、道路を挟んで大きな竹が2本建てられる祇園祭の行事は何か。 【第14回】4（35）

（　　　　　　　　　　　　　　）

歴史・史跡

神社・寺院

建築・庭園・美術・工芸

生活・文化・伝統芸能

解 答

なぞってみよう

13 浄蔵（浄蔵貴所）

父は学者・三善清行、母は嵯峨天皇の孫という天台僧・浄蔵である。法験談は多く、『撰集抄』の「一条戻橋にて祈祷で父を蘇生させた」という説話は、戻橋の名の由来に。鬼から名笛・葉二をもらう話や、平将門調伏祈祷に成功したともいわれる。

浄蔵

14 海北友雪

作者は海北友雪。屏風は２段に描かれ、上段は四条通を行く後祭の10基の山鉾、下段は三条通を行く還幸祭で３基の神輿が描かれている。江戸初期の祭りが精密華麗な極彩色で表されている。

海北友雪

15 月鉾

甚五郎作と伝えられるウサギの彫刻や、応挙が描いた「金地彩色草木図」で知られるのは月鉾である。このほか、皆川月華作の見送「黎明図」や17世紀インドの緞通の前掛けなど、美術工芸の粋で飾っており、「動く美術館」と呼ばれる。

月鉾

16 行者餅

文化３年（1806）、京の菓子屋の主人が大峰回峰の修行中に見た夢の中の菓子を作った。山鉾の役行者山に供え、縁者に配ったところ、菓子を食べた者は疫病から逃れることができたという。以来、この菓子を行者餅と呼ぶようになった。

行者餅

17 神功皇后

船鉾は神功皇后の出陣説話に由来しており、ご神体は神功皇后。吉符入りの際に町会所で行われる神面改めで、神面二つが同時に改められるのは、応仁の乱以前から伝わる本面と、江戸時代に作られた写し面の無事を確かめるため。

神功皇后

18 斎竹建て

四条麩屋町は、祇園祭前祭の山鉾巡行で稚児が注連縄を切る場所。ここからが神域であることを示す結界である。斎竹建ては、巡行に先立って四条通の南北に竹を２本建てることをいい、17日朝に八坂神社より授与された注連縄を張る。

斎竹建て

19 祇園祭の粽に付けられた護符には、牛頭天王の故事にちなんで何と書かれているか。　　　　　　　　　　　　　　　　　　　【第5回】4（32）

（　　　　　　　　　　　　　　　）

20 中国の説話『二十四孝』から題材を取り、別名「筍山」ともいわれる祇園祭の山鉾は何か。　　　　　　　　　　　　　　　　　【第8回】3（26）

（　　　　　　　　　　　　　　　）

21 出御祭、夜渡り神事、れいけんに続いて、祇園祭山鉾の原形とされる剣鉾差しが行われる祭りは何か。　　　　　　　　　　　　【第14回】4（38）

（　　　　　　　　　　　　　　　）

22 12月上旬、千本釈迦堂において、中風除けや無病息災を願い、参拝者に大鍋で煮込んだ野菜を振る舞う行事を何というか。　　　【第9回】4（33）

（　　　　　　　　　　　　　　　）

23 葵祭「路頭の儀」（行列）で、女人列の中心となる女性は何と呼ばれるか。　　　　　　　　　　　　　　　　　　　　　　　【第10回】4（34）

（　　　　　　　　　　　　　　　）

24 下鴨神社では、土用の丑の日に、無病息災を祈願する別名「足つけ神事」とも呼ばれる（　　　）祭が行われる。　　　　　　【第2回】3（27）

（　　　　　　　　　　　　　　　）

歴史・史跡

神社・寺院

建築・庭園・美術・工芸

生活・文化・伝統芸能

解 答

なぞってみよう

19　蘇民将来之子孫也
（そ みんしょうらいの し そんなり）

護符には「蘇民将来之子孫也」と書かれている。その昔、牛頭天王が旅先で一夜の宿を求めた折、富める弟は断わったが、貧しい兄の蘇民将来は宿を提供し、もてなした。これに感謝し、蘇民の子孫は疫病を逃れさせようと約束したとの故事にちなむ。

蘇民将来之子孫也

20　孟宗山
（もうそうやま）

病身の母のため、雪の竹やぶでタケノコを掘り当てたという中国の史話に題材を得たのは孟宗山。ご神体の人形が孟宗で、唐人衣装に、みのと笠を着け、雪をかぶったタケノコを持ち、鍬を担いでいる。親孝行のお守りが授与されている。

孟宗山

21　粟田祭
（あわ たまつり）

長保3年（1001）に始まったとされる粟田祭。室町時代に祇園祭が行えなかった際には、この祭りを持って祇園御霊会に代えたとされる。山鉾の原形とされるのは草創期、神輿渡御を先導して邪を払い、御霊を鎮めるために剣鉾が立てられたことから。

粟田祭

22　大根焚き
（だいこ だ）

冬の風物詩・大根焚きである。釈迦が悟りを開いた日を記念する成道会法要として行われ、集められた大根を大鍋で煮込んで参拝者に振る舞う。鎌倉時代に同寺三世・慈禅が大根の切り口に梵字を書いて諸病除けを祈ったのが起源とされる。

大根焚き

23　斎王代
（さいおうだい）

平安時代には、主に皇室の内親王が斎王となって斎院に奉仕する制度があり、賀茂祭では斎王が中心の女人列が、途中から本列に合流した。鎌倉初期に斎院は廃止されたが、昭和28年（1953）に葵祭が復興し、斎王列に代わる斎王代列として復活させた。

斎王代

24　御手洗
（み たらし）

下鴨神社の境内末社の御手洗社（井上社）で、土用の丑の日に行われる祭礼を御手洗祭という。祭神の瀬織津姫命は、罪や穢れを水に流してくれる神とされ、参拝者は社前の御手洗池に足を浸すので「足つけ神事」の名がある。

御手洗

| 問題 | 次の問いに答えなさい。または（　　　）にあてはまる最も適当な語句を漢字で書きなさい。

25 時代祭の時代行列出発前に、京都御所建礼門前で執り行われる祭事は何か。
【第12回】4（38）

（　　　　　　　　　　　　　　　　）

26 時代祭行列の維新志士列に名前入りで登場し、中京区の大福寺に寓居したとされ、安政の大獄で吉田松陰、頼三樹三郎らとともに捕えられた小浜藩出身の尊王の志士は誰か。
【第12回】4（40）

（　　　　　　　　　　　　　　　　）

27 護王神社で11月1日に行われる亥子祭は、宮中の儀式に由来する。その儀式とは何か。
【第11回】5（46）

（　　　　　　　　　　　　　　　　）

28 切子灯籠を頭にのせた少年たちが行列して秋元神社まで向かい、神前で奉納する風流踊りを何というか。
【第15回】4（37）

（　　　　　　　　　　　　　　　　）

29 8月下旬に左京区の志古淵神社で行われる、室町時代から続くとされる風流燈籠踊は何か。
【第12回】5（41）

（　　　　　　　　　　　　　　　　）

30 鬼に強いといわれ、京町家の小屋根に祀られる風習がある魔除けの置物は何か。
【第13回】4（39）

（　　　　　　　　　　　　　　　　）

25 行在所祭
あんざいしょさい

時代祭の行列は平安神宮の神幸祭であり、本来の祭りは早朝、同神宮で行われる神事で幕を開ける。そして午前9時、神幸列は御所の建礼門前に設置された行在所へ。ここでの神事を行在所祭という。正午に時代行列が京都御苑を出発する。

行在所祭

26 梅田雲浜
うめ だ うんぴん

維新志士列に登場する小浜藩出身の尊王志士は梅田雲浜。平成27年（2015）、大河ドラマ『花燃ゆ』にも登場した。雲浜の遺跡は京都市内では、雲浜邸址（烏丸御池上ル）、仮住まいしたと伝わる大福寺、遺髪を納める安祥院などがある。

梅田雲浜

27 御玄猪
お げんちょ

護王神社の亥子祭の由来となる、平安時代に宮中で行われていた儀式は御玄猪。無病息災を祈願する祭りで、亥の月（旧暦の10月）の亥の日亥の刻に餅を食べると病にかからないとされ、中国の民間信仰が起源とされる。

御玄猪

28 赦免地踊
しゃ めん ち おどり

八瀬童子会が継承している赦免地踊。後醍醐天皇が比叡山に行幸した際に、八瀬村の里人の忠勤により地租が永代免除となった。江戸時代になり、特権がなくなる危機を救った、時の老中の恩に報いるため秋元神社を創建し、赦免地踊を奉納している。

赦免地踊

29 久多花笠踊
く た はながさおどり

五穀豊穣に感謝し、8月24日の夜に志古淵神社に奉納されるのは久多花笠踊。花笠は毎年、「花宿」と呼ばれる家で制作される。踊りは花笠を手に、締太鼓と歌に合わせて踊る素朴なもので、室町期に流行した風流踊の様子を伝えるという。

久多花笠踊

30 鍾馗
しょうき

「鬼より強い」といわれる鍾馗。魔を祓い、病を癒やすという中国の神で、屋根瓦と同じ瓦製で高さ20センチ前後が主流か。京の町家で魔除けとして小屋根に据えられ、各家によってポーズなどが異なり、京特有の光景として親しまれている。

鍾馗

次の問いに答えなさい。または（　　　　）にあてはまる最も適当な
語句を漢字で書きなさい。

31 右京区嵯峨、小倉山の東北麓一帯の地で、鳥辺野、蓮台野とともに、古くから
葬送の地であったところはどこか。　　　　　　　　　　【第10回】　4　(33)

（　　　　　　　　　　　　　　　　）

32 江戸の人の目に映った京を記した見聞録『見た京物語』の著者は誰か。
　　　　　　　　　　　　　　　　　　　　　　　　　　【第14回】　4　(33)

（　　　　　　　　　　　　　　　　）

33 国の重要文化財に指定された京町家住宅で知られる杉本家が、江戸時代に呉服
商を営む際に用いた屋号は何か。　　　　　　　　　　【第8回】　3　(28)

（　　　　　　　　　　　　　　　　）

34 五山の送り火の一つ、東山・大文字山の「大」の字形については諸説あるが、
寛文2年（1662）の『案内者』には誰の筆によると記されているか。
　　　　　　　　　　　　　　　　　　　　　　　　　　【第11回】　5　(44)

（　　　　　　　　　　　　　　　　）

35 「東山三十六峰」のなかで、最も北に位置する山の名前は何か。
　　　　　　　　　　　　　　　　　　　　　　　　　　【第7回】　4　(37)

（　　　　　　　　　　　　　　　　）

36 京都市は、昭和47年（1972）、町並み景観保全のための「特別保全修景地区
制度」を設け、（　　　）地区が最初の指定地区となった。【第8回】　4　(39)

（　　　　　　　　　　　　　　　　）

解 答

なぞってみよう

31　化野
<small>あだしの</small>

化野念仏寺のある化野。寺伝によると、化野に葬られた遺体の菩提を弔うために弘法大師が五智山如来寺を創建し、後に法然が開いた念仏の道場が念仏寺と改称されたという。石塔、石仏は葬られた人々の墓で、今は念仏寺の境内に並べられている。

化野

32　二鐘亭半山
<small>にしょうていはんざん</small>

狂歌師としても知られた二鐘亭半山こと、江戸の幕臣木室卯雲である。半山が普請方として1年半、京都に赴任した際に、見聞きしたものを個条書きにしたもの。京都の生活、文化の断面を切り取り、江戸と比較する辛口の京都論といえる。

二鐘亭半山

33　奈良屋
<small>ならや</small>

杉本家は寛保3年（1743）に「奈良屋」の屋号で四条烏丸の南に呉服商を創業、約20年後に現在地に移転した。住宅は伝統的な形式を示す大規模な町家で、平成22年（2010）に建造物が重文指定を、23年には庭園が国の名勝指定を受けた。

奈良屋

34　近衛信尹
<small>このえのぶただ</small>

中川喜雲著の『案内者』には、「大文字は三藐院の筆画にてきり石をたてたり」といった記述がある。三藐院は江戸前期の廷臣・近衛信尹の出家名のこと。近衛は筆力の強い独特の書に優れ、寛永の三筆に数えられた能書家である。

近衛信尹

35　比叡山
<small>ひえいざん</small>

「布団着て寝たる姿や東山」と服部嵐雪の名句にあるように、北から南まで約12キロの概して低い山並みを東山三十六峰と呼ぶ。頭に当たるのが比叡山。二つの高い峰を持ち、西が四明岳、東の大比叡は京都と大津の市境にあたる。

比叡山

36　産寧坂
<small>さんねいざか</small>

最初に「特別保全修景地区制度」の指定区域になったのは産寧坂地区。昭和50年（1975）の文化財保護法改正後、翌年に「伝統的建造物群保存地区」に指定され、平成7年（1995）に石塀小路地区が加えられ、指定区域が拡大した。

産寧坂

| **問 題** | 次の問いに答えなさい。または（　　　）にあてはまる最も適当な語句を漢字で書きなさい。

37 「月はおぼろに東山…」ではじまる「祇園小唄」の作詞者は誰か。

【第4回】 3（30）

（　　　　　　　　　　　　　　）

38 近衛家の御殿舞を基礎に発展した京舞井上流が、近衞家から拝領した流儀の紋は何か。

【第11回】 4（39）

（　　　　　　　　　　　　　　）

39 京都の勧業政策の一つとして花街にも設立され、現在は祇園で芸舞妓の歌舞音曲・茶道・生け花などの研修の場として継続されている教育機関は何か。

【第12回】 5（50）

（　　　　　　　　　　　　　　）

40 花街において、芸舞妓を抱え、「お茶屋」などに送り出すところを何というか。

【第9回】 3（26）

（　　　　　　　　　　　　　　）

41 毎年10月初めに開催される祇園甲部の芸舞妓による技芸発表会を何というか。

【第4回】 3（29）

（　　　　　　　　　　　　　　）

42 京都の五花街の芸舞妓がそろって顔見世を鑑賞する行事を何というか。

【第5回】 3（29）

（　　　　　　　　　　　　　　）

37 長田幹彦
なが た みき ひこ

長田幹彦は、耽美派の作家として名を上げ、祇園を舞台にした『祇園』を発表、流行歌の作詞も手掛けた。昭和5年（1930）、長田の小説を原作とした映画「祇園小唄絵日傘　第一話　舞ひの袖」がつくられた時に「祇園小唄」が主題歌としてレコード化された。

長田幹彦

38 井菱
い びし

初世・井上八千代が奉公先の近衛家で見聞きした宮廷文化を基礎に井上流を起こし、近衛家を辞める際に拝領したのが「井菱」の紋。明治5年（1872）の京都博覧会の余興として都をどりの振付をして以来、舞の師匠として祇園町に根付いている。

井菱

39 女紅場
にょ こう ば

女子教育機関として明治5年（1872）、丸太町通土手町に誕生したのが女紅場の始まり。そのうち、祇園の女紅場は八坂女紅場と改称、昭和26年（1951）には学校法人八坂女紅場学園となり、芸舞妓の歌舞音曲や茶道などの研さんの場として今に続いている。

女紅場

40 置屋 （屋形、子方屋）
おき や　やかた　こかたや

京都の花街は置屋やお茶屋などで形成されている。置屋は舞妓を抱えている家で、屋形、子方屋などともいう。舞妓になるための修業から、芸妓になる襟替えまでの期間を暮らす置屋は、舞妓に必要な一切を調えてお茶屋などの依頼に応じて派遣する。

置屋

41 温習会
おんしゅうかい

春の都をどりに対して、毎年10月1日から6日間、祇園甲部歌舞練場で開かれるのは温習会。祇園甲部の芸舞妓たちが井上流の舞のおさらいをする技芸発表会という意味合いが込められている。歴史は古く、明治初期に始まったといわれる。

温習会

42 花街総見
か がいそうけん

師走の京都に歌舞伎界の東西の名優が顔をそろえる南座の吉例顔見世興行を、一段と盛り上げるのが五花街の芸舞妓そろっての総見だ。初日から数日を経て5日間、きれいどころが南座の1階桟敷に陣取り、ひいきの役者に声援を送る。

花街総見

問 題 次の問いに答えなさい。または（　　　）にあてはまる最も適当な語句を漢字で書きなさい。

43 唐から伝来した散楽や日本古来の諸芸が交じり合い、平安時代に盛んになった芸能で、後に能・狂言に発展したのは何か。 【第5回】 3（25）

（　　　　　　　　　　　　）

44 室町時代初期、物まね主体の能を歌舞主体の幽玄能へと洗練させ、能楽の理論書『風姿花伝』を著したのは誰か。 【第9回】 3（28）

（　　　　　　　　　　　　）

45 江戸時代初め、観世流宗家が江戸に移った後、最初に観世京屋敷の管理と諸用向きを取り仕切った観世流ワキ方福王流の家元は誰か。 【第13回】 4（36）

（　　　　　　　　　　　　）

43　猿楽
さるがく

無形文化遺産に登録されている伝統芸能の中で歴史の古い能楽のルーツは、奈良時代に唐から伝来した散楽にさかのぼる。平安時代には滑稽な物まね「猿楽」に発展、この猿楽を基盤にして室町初期に大成したのが今日の能楽である。

猿楽

44　世阿弥
ぜ あ み

７編から成る『風姿花伝』の著者は世阿弥。父親の観阿弥の遺訓を基にまとめられており、応永年間（1394〜1428）に完成したとされる。室町幕府の三代将軍・足利義満の保護を受け、能を歌舞主体の幽玄能へと洗練させ、大成させた。

世阿弥

45　服部宗巴
はっとりそう は

観世京屋敷の管理と観世流の諸用向きを取り仕切ったのは福王流五世宗家にあたる服部宗巴。福王流の歴史は戦国時代末までさかのぼり、京の素謡界で大きな勢力を占めた。その後、片山九郎右衛門家が京の観世流をまとめる体制に変わる。

服部宗巴

次の問いに答えなさい。または（　　　　　）にあてはまる最も適当な語句を漢字で書きなさい。

46～50　歌舞伎は、（ 46 ）が慶長8年（1603）に京都で踊ったのが始まりとされる。当時流行した異様な振る舞いや風俗をさす（ 47 ）が語源である。

　　元禄期には、江戸の市川団十郎や上方の坂田藤十郎らの名優がでて、人々の娯楽として人気を集めた。坂田藤十郎は「傾城仏の原」などで知られる劇作家（ 48 ）と組んで、後世に残る上方歌舞伎の和事芸を創始した。

　　四条大橋東詰の南座は、江戸初期からこの地にあり日本最古の劇場といわれる。11月30日から始まる（ 49 ）は、東西の人気俳優を集めた興行としてにぎわう。また正面の「まねき（看板）」は（ 50 ）という独特の書体で書かれ、京の師走を告げる風物詩として親しまれている。

【第3回】5（41～45）

| 解 答 |

46 出雲の阿国

歌舞伎は約400年前、出雲大社の巫女と名乗る出雲の阿国が、北野社頭で「かぶき踊り」を披露したのが始まりという。阿国のまねをする女歌舞伎、若衆歌舞伎を経て、野郎歌舞伎が人気を集めるようになり、元禄時代に今の歌舞伎の基礎が形づくられた。

出雲の阿国

47 傾く

「かぶき踊り」は、鉦や笛、鼓に合わせて歌い踊る、今日のレビューである。特に目を引いたのは男装した阿国が南蛮風俗を身にまとい、茶屋遊びの様子を舞台で演じたこと。異様な扮装と振る舞い、歌舞伎の語源ともなった「傾く」踊りだった。

傾く

48 近松門左衛門

上方歌舞伎の和事芸を創始した初世坂田藤十郎が、コンビを組んだ劇作家は近松門左衛門。亡くなるまでに20余の歌舞伎作品、100近い浄瑠璃作品を書いた。中でも人形浄瑠璃のための時代物や世話物は、今でも文楽や歌舞伎で上演されている。

近松門左衛門

49 顔見世

現在、歌舞伎の役者は松竹に所属するが、明治末までは東京、大阪、京都などの芝居小屋で座主と役者間で個別に専属契約を結んでいた。契約更改は毎年秋で、1年間の座組みが決まる11月に、お披露目の公演が開かれたのが顔見世の由来である。

顔見世

50 勘亭流

南座の正面に掲げられる「まねき」（看板）には、その年の顔見世に出演する主だった歌舞伎役者の名を墨書しているが、独特の書体を「勘亭流」という。大入りを願って、太く丸く文字の内側の空白を埋めるように書くのが習わし。

勘亭流

歴史・史跡

神社・寺院

建築・庭園・美術・工芸

生活・文化・伝統芸能

解説執筆　歴史・史跡、建築・庭園・美術・工芸　山本 啓世
　　　　　神社・寺院、生活・文化・伝統芸能　丸毛 静雄

校　　閲　山村 純也（株式会社らくたび）

協　　力　京都商工会議所

京都検定1級漢字ドリル

発行日　2020年11月10日　初版発行
編　者　京都新聞出版センター
発行者　前畑 知之
発行所　京都新聞出版センター
　　　　〒604-8578　京都市中京区烏丸通夷川上ル
　　　　TEL075-241-6192　FAX075-222-1956
　　　　http://kyoto-pd.co.jp/book/
印刷・製本　京都新聞印刷

©2020 printed in Japan
ISBN978-4-7638-0738-0　C0026